JN015549

森沢洋介の
\話せる/
瞬間英作文
ビジネス：文法別

TAC出版

TAC PUBLISHING Group

はじめに

　英語を話すための第一歩は、頭ではよくわかっている基本文型を自在に操作できるようになることです。英文を考え込むことなく自動的に楽々と作り出す能力、いわば「瞬間英作文回路」は、発想の転換をして必要なトレーニングをしさえすれば、ある程度の基礎知識がある人ならば、比較的短期間で獲得することができます。それが私の提案する、簡単な英文をスピーディーに大量に作っていく「瞬間英作文トレーニング」です。

　幸いにも、2006 年に私の『どんどん話すための瞬間英作文トレーニング』（ベレ出版）が刊行された際には、非常に多くの読者の方から反響をいただくことができました。とても有効でありながら、地味さゆえにあまり知られていなかったこのトレーニングが、英語を学習されるたくさんの方に広まったことは私にとっても望外の喜びです。瞬間英作文という言葉が学習される方の間で定着しつつあることは、感慨深いものがあります。

　ただそうしたなか、私のもとに寄せられるご意見に、「例文のレベルはそのままで、ビジネスの場面でも応用しやすい本はできないでしょうか」「ビジネス英語の語彙を含んだ例文でトレーニングしたいのですが」といったものがありました。仕事の場で英語を話すためには、やはり、そうした場面で使われることの多い単語や語句を知る必要があります。重要なビジネス英語の語彙が含まれた例文で瞬間英作文トレーニングできる本であれば、確かに、仕事で英語を使いたいという方にとって学習しやすい本になるにちがいありません。

そうしてできあがったのが本書『**森沢洋介の話せる瞬間英作文 [ビジネス：文法別]**』です。ビジネス向け資格書を数多く出版するＴＡＣ出版とコラボレーションし、即座に反射的に英語が話せる「**瞬間英作文回路**」の獲得、仕事の場で英語が使える「**ビジネス語彙**」の習得、そして「**ビジネス英語試験**」のスコアのアップまでが**これ１冊で可能な本**となりました。

本書の３つの工夫

❶ 全体の構成は**中学１～３年レベルの文法事項別**でありながら、**例文はビジネスですぐに使えるもの**を採用しています。

❷ **ビジネスでの会話で多く使用、ビジネス英語試験で頻出**という単語や語句は、付属の赤シートを使って**効率よく覚える**ことが可能です。

❸ 瞬間英作文トレーニングをする際に間違えやすい部分や、文法・文型に関するヒント、参考となる例文、単語や語句についてのプラスαの知識など、**学習される方の助けになるミニコーナーも豊富**です。

　ビジネスの場で英語を使うことを志すみなさんが、本書とともに第一歩を踏み出されることを願ってやみません。

森沢洋介

本書の特長と使い方

1 瞬間英作文回路の獲得＆ビジネス語彙の習得

　本書は、瞬間英作文回路の獲得と、ビジネス語彙の習得を目的としています。本書を十分に活用されるために、以下の手順で学習されることをおすすめします。

　最初は通常の瞬間英作文トレーニングの手順で、左ページの日本文を見て英作文した後、右ページの英文を見て答え合わせをします。**ビジネス英語で使用される重要単語や語句は赤字になっています**ので、日本文と対応させながら、意味をしっかりと確認しましょう。

　練習を重ね、ビジネス英語の語彙に馴染んできたら、答え合わせの際に**赤シート**を使います。隠れた箇所にどんな単語や語句が入るのかを考える際には、**黒字になっている頭文字**のヒントも参考にしてください。

　あてはまる単語や語句がすぐに思い浮かぶようになったら、もう赤シートは使わなくても大丈夫です。瞬間英作文トレーニングを続けることで、ビジネス英語の重要単語や語句を、「**意味を知っている**」だけでなく、「**話すために使える**」ものにすることができます。

2 収録音声

　本書の音声には、日本文と英文の間にポーズが入っています。

日本文を聞いたらポーズの間に英文を口に出す練習をしましょう。文字を読んで英文を作る作業と、音声に反応して英文を作る作業とでは、受ける刺激も異なりますので、音声をうまく利用することで大きな効果が期待できます。

音声ダウンロードのご案内

本書の音声は、以下よりダウンロードいただけます。

● 「TAC出版」で検索、TAC出版ウェブページ「サイバーブックストア」へ。
● 「各種サービス」より「書籍連動ダウンロードサービス」を選択し、「森沢洋介の話せる瞬間英作文 [ビジネス：文法別]」に進んで、パスワードを入力してください。

パスワード 221010410

※ ダウンロードされた音声は MP3 形式となります。
　データの保存方法、デジタルオーディオプレイヤー等での再生方法ほか、各種機器の操作方法等に関しては、各機器メーカーにお問い合わせください。

瞬間英作文トレーニング
ページの構成

文法・文型ごとに
トレーニングを
進めます。

⑭ 感嘆文

TRACK ▶14

感嘆文には、whatから始まる文と、howから始まる
文があります。whatの後には名詞、howの後には形
容詞または副詞が続きます。きちんと使い分けられる
ようにしましょう。

文法・文型に関しての
簡単なアドバイスです。

❶ これはなんて素晴らしい提案なのでしょう！

❷ その旅行ガイドさんはなんて親しみやすいのでしょう！

❸ これはなんて良い歓迎会なのでしょう！

❹ この壁紙はなんて美しいのでしょう！

❺ あれはなんてリスクの高い選択だったのでしょう！

❻ 彼らはなんて早くこの問題を解決したのでしょう！

❼ 彼はなんて神経質そうに話すのでしょう！

❽ 私の考えはなんて自分勝手だったのでしょう！

❾ その家具はなんて現代的に見えるのでしょう！

❿ そのドキュメンタリーはなんて面白かったのでしょう！

日本文を見て、
スピーディーに
英作文を行いましょう。

TIPS

whatの後は名詞、Howの後は形容詞または副詞が
What a big noise that is!
How relaxing this beach is!
How slowly they eat!

1 What a great suggestion this is!

2 How friendly the tour guide is!

3 What a good reception party this is!

「受付」という意味
あります。

4 How beautiful this wallpaper is!

5 What a risky choice that was!

6 How quickly they solved this problem!

make a solution
とも言います。

7 How nervously he talks!

8 How selfish my idea was!

9 How modern the furniture looks!

10 How interesting the documentary was!

瞬間英作文トレーニング

３つのステップで「瞬間英作文回路」を獲得

　瞬間英作文トレーニングとは、**日本文を即座に英文に変える練習**のことです。**❶日本文を見て英作文 → ❷英文を見て答え合わせ → ❸英文を口に馴染ませる（音読 → 暗唱）という、３つのステップ**を繰り返します。このトレーニングでは**スピード感が何より重要**ですので、日本文を見て英作文する際や、それぞれのステップを行う際は、**テンポ良く、スピーディーに行うこと**を心がけてください。

◆１回転め
❶ 日本文を見て英作文

　まずは**口頭で素早く英作文**します。左ページの日本文を見て英文を口に出すまで、考えるための時間は５、６秒程度が目安です。

❷ 英文を見て答え合わせ

　右ページの英文を見て、**自分の作った英文が合っているか、間違えた場合はどこが違うのかを確認**しましょう。なお、どうしてこういう英文になるのかがわからない場合は、先に英文法をさっと復習した後にトレーニングを始めた方が良いかもしれません。トレーニングの効果を最大限に発揮するには、基礎的な英文法の理解が必要不可欠です。

❸ 英文を口に馴染ませる（音読 → 暗唱）

　「英文を口に馴染ませる」とは、**英文をよどみなく口に出せるように、実際に声に出しながら何度も練習すること**です。まずは**英文を見ながら音読**を繰り返します。英文をスムーズに口にすることができたら、今度は**テキストを見ないで暗唱**しましょう。

◆２回転め以降

　トレーニングがひととおり終わったら、また最初に戻って❶〜❸を繰り返します。日本文を即座に英文に変換できる（音声でのトレーニングの場合はポーズの間に英文が言える）ようになれば、トレーニングは終了です。

目次

Part 1 ● 中学 1 年レベル

Part 3 ● 中学3年レベル

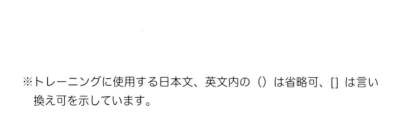

※トレーニングに使用する日本文、英文内の（）は省略可、[] は言い
換え可を示しています。

Part 1

中学1年レベル

This is my
business card.

まずはbe動詞の文を作る練習から始めます。簡単な文でも、いざ話そうとすると初歩的なミスをしてしまうもの。でも大丈夫です。トレーニングを積めば、必ず自在に使えるようになります。

① これは私の名刺です。

② あれは新しい**コンピューター**ですか？
― はい、そうです。

③ この**アプリ**は古いですか？
― いいえ、古くありません。

④ あの作業はあまり楽しくない。

⑤ これは携帯電話ですか、それとも音楽プレーヤーですか？
― 携帯電話です。

⑥ あれらは英語の書類ですか？
― いいえ、違います。

⑦ この人々は私たちのお客さんです。

⑧ これらの製品はとても高い。

⑨ これらは腕時計ですか、それとも**スマホ**ですか？
― 腕時計です。

⑩ あの**インターン**たちは日本人ですか、それともベトナム人ですか？ ― 日本人です。

① This is my business card.

② Is that a new computer?
　— Yes, it is.

省略されるとappに
なります。

③ Is this application old?
　— No, it's not.

not so+形容詞で
「あまり〜でない」と
いう意味になります。

④ That work is not so fun.

⑤ Is this a mobile phone or a music player?
　— It is a mobile phone.

⑥ Are those English documents?
　— No, they aren't.

本書では「お客さん
=customer」とし
ています。

⑦ These people are our customers.

⑧ These products are very expensive.

⑨ Are these watches or smartphones?
　— They are watches.

⑩ Are those interns Japanese or Vietnamese?
　— They are Japanese.

主語が単数形か複数形かによって、対応するbe動詞が異なります。主語の単複にしっかりと気をつけながら英作文しましょう。ちなみに例文の❽❾では、職業を尋ねています。

---

❶ これは何ですか？ ― 地図です。

---

❷ あれは何ですか？
― マイクです。

---

❸ これは何ですか？ ― 領収書です。

---

❹ あれは何ですか？ ― 予定表です。

---

❺ これらは何ですか？ ― 請求書です。

---

❻ あれらは何ですか？ ― 優待券です。

---

❼ これらの箱は何ですか？
― 運動器具です。

---

❽ 彼女の仕事は何ですか？ ― 旅行ガイドです。

---

❾ 彼の職業は何ですか？ ― 配管工です。

---

❿ あれらのお皿は何ですか？
― 製品見本です。

---

① What is this? — It's **a** map. 🐻

単数形の名詞には
冠詞のaやanを忘
れずにつけましょう。

② What is that?
— It's a **m**icrophone.

③ What is this? — It's a **r**eceipt.

④ What is that? — It's a **s**chedule.

⑤ What are these? — They are **b**ills.

⑥ What are those? — They are **c**oupons.

⑦ What are these boxes?
— They are **e**xercise **m**achines.

⑧ What is her job? — **T**our **g**uide.

⑨ What is his **o**ccupation? — **P**lumber.

⑩ What are those dishes?
— They are **p**roduct **s**amples.

be動詞を主語に対応させること、補語の位置にくる名詞の単数形、複数形などに注意しましょう。例文の❾❿では、冠詞のaやanが形容詞にはつかないことも確認しましょう。

---

① 私は**エンジニア**です。

---

② あなたは**デザイナー**ですか？

---

③ 彼女は**科学者**です。

---

④ 彼は**研究員**ですか？ ― はい、そうです。

---

⑤ 私たちは**インターン**です。

---

⑥ あなたたちは**編集者**ですか？

---

⑦ 彼らは**整備士**です。

---

⑧ 彼女たちは**乗客**ですか？ ― いいえ、違います。

---

⑨ あなたは**緊張**していますか？
― はい、緊張しています。

---

⑩ 彼らは**親しみやすい**です。

---

① I'm an engineer.

② Are you a designer?

③ She is a scientist.

④ Is he a researcher? — Yes, he is.

⑤ We are interns.

⑥ Are you editors?

⑦ They are mechanics.

⑧ Are they passengers? — No, they aren't.

⑨ Are you nervous?
— Yes, I am.

語尾がlyですが形容詞
にもなります。

⑩ They are friendly. 🐻

慣れないうちは、your＋名詞が主語になる文を英作文しようとすると、be動詞を間違えてしまうことがあるかもしれません。「あなたのお父さんは弁護士ですか？」をAre your father a lawyer?としないように。

① 彼は私の上司です。

② このファイルはあなたの報告書ですか？
― はい、そうです。

③ これらは彼の書類です。

④ あれらの男性たちは彼女のお客さんです。

⑤ これは私たちのアイデアです。

⑥ あれらはあなたがたの製品ですか？
― いいえ、違います。

⑦ あれは彼女たちの目標です。

⑧ 私たちの問題は大きくないです。

⑨ あなたの仕事仲間はベジタリアンですか？
― いいえ、彼女は違います。

⑩ 彼の技能は良いですか？ ― はい、良いです。

your＋名詞が主語の時は、be動詞に注意しましょう。
× Are your coworker a vegetarian?
○ Is your coworker a vegetarian?

① He is my <u>boss</u>.

本書では
「上司＝boss」と
しています。

② Is this file your report?
— Yes, it is.

③ These are his documents.

④ Those men are her customers.

⑤ This is our idea.

⑥ Are those your products?
— No, they aren't.

⑦ That is their goal.

本書では「仕事仲間
＝coworker」として
います。

⑧ Our problem isn't big.

⑨ Is your <u>coworker</u> a vegetarian?
— No, she isn't.

⑩ Is his skill good? — Yes, it is.

ここではWho＋be動詞の疑問文を練習します。これまで同様に、名詞が単数形か複数形かによって、対応するbe動詞が変わります。しっかりと注意しながらトレーニングしてください。

❶ あの男性は誰ですか？
　― 私の**監督者**です。

❷ あの女性は誰ですか？
　― **ジャーナリスト**です。

❸ あの男性たちは誰ですか？ ― **大工**です。

❹ あの女性たちは誰ですか？
　― **客室乗務員**です。

❺ この若い**助手**は誰ですか？
　― 彼女はテイラーさんです。

❻ あの背の高い**建築家**は誰ですか？
　― 彼はハリスさんです。

❼ この背の低い少女は誰ですか？
　― 彼女はサラ・キングです。

❽ ナンシーと一緒にいるあの男性は誰ですか？
　― 彼は彼女の**ビジネスパートナー**です。

❾ 彼女たちは誰ですか？ ― **受付係**です。

❿ 彼らは誰ですか？
　― **清掃員**です。

名詞の単数形、複数形と、be動詞の対応に注意しましょう。
Who is she? — She is a scientist.
Who are they? — They are scientists.

① Who is that man?
— He is my <u>supervisor</u>.

本書では「監督者
=supervisor」とし
ています。

② Who is that woman?
— She is a journalist.

③ Who are those men? — They are carpenters.

④ Who are those women?
— They are flight attendants.

女性にはMs.をつけ
ましょう。

⑤ Who is this young assistant?
— She is <u>Ms.</u> Taylor.

⑥ Who is that tall architect?
— He is Mr. Harris.

⑦ Who is this short girl?
— She is Sarah King.

⑧ Who is that man with Nancy?
— He is her business partner.

⑨ Who are they? — They are receptionists.

⑩ Who are they?
— They are cleaning <u>staff</u>.

staffは集合名詞
なので、原則、sは
不要です。

いよいよ一般動詞が登場します。肯定文はきちんと作れるのに、疑問文になると「あなたはその本を好きですか？」をDo he like the book?としてしまう人がいます。doとdoesの使い分けに気をつけましょう。

❶ 私は京都行きの切符を持っています。

❷ あなたは資格を持っていますか？
― いいえ、持っていません。

❸ 彼はその製品見本を持っています。

❹ 私はその販売員を知っています。

❺ あなたはそのマネージャーを知っていますか？
― はい、知っています。

❻ ケンはそのパン屋を知っています。

❼ 田中さんは電車を使いますか？
― いいえ、彼は使っていません。

❽ あなたの上司は何を持っているのですか？
― 彼女は履歴書を持っています。

❾ 彼らには今日、打合せがあります。

❿ この会社には３つの支社があります。

三人称単数現在の主語の場合、一般動詞が不規則変化することがあります。

He has the product sample.

---

① I have a **t**icket for Kyoto.

② Do you have a **l**icense?
— No, I don't.

③ He has the **p**roduct **s**ample.

④ I know the **s**ales **s**taff.

本書では「マネージャー =manager」としています。

⑤ Do you know the **manager**?
— Yes, I do.

⑥ Ken knows the **b**akery.

⑦ Does Mr. Tanaka use trains?
— No, he doesn't.

⑧ What does your **b**oss have?
— She has a **r**ésumé.

本書では「打合せ =meeting」としています。

⑨ They have a **meeting** today.

⑩ This **c**ompany has three **b**ranches.

数や量を尋ねる表現の練習です。可算名詞にはHow many、不可算名詞にはHow muchを使います。How manyの後の名詞は、必ず複数形になることも忘れないようにしましょう。

---

① あなたはいくつ銀行口座を持っているのですか？

---

② あなたのジムには何人の会員がいますか？

---

③ 彼女は今日いくつアポがありますか？

---

④ あなたはどのくらいお金が欲しいのですか？

---

⑤ 彼は情報がどのくらい必要なのですか？

---

⑥ その会社はいくつの支社を持っていますか？
― 15社です。

---

⑦ 彼は1日に何通のEメールを受け取りますか？
― 1日に約50通です。

---

⑧ 佐藤さんは何部コピーが必要ですか？
― 彼女は10部必要です。

---

⑨ この工場は毎日どのくらいのチョコレートを作りますか？
― 毎日、100キログラム作ります。

---

⑩ あなたは毎週何人の応募者に会いますか？
― 毎週、10人です。

How many＋名詞の後は、疑問文がきます。
I have a ticket. → Do you have a ticket?
How many tickets do you have?

① How many **b**ank **a**ccounts do you have?

② How many **m**embers
does your gym have?

③ How many **a**ppointments
does she have today?

money、information
やtimeなどは不可算名
詞です。

④ How much <u>money</u> do you want? 🐻

⑤ How much **i**nformation does he need?

⑥ How many **b**ranches does the **c**ompany have?
— It has 15 **b**ranches.

⑦ How many **e**mails does he receive a day?
— He receives about 50 **e**mails a day.

⑧ How many **c**opies does Ms. Sato need?
— She needs 10 **c**opies.

⑨ How much chocolate does this **f**actory make every
day? — It makes 100 kilograms every day.

⑩ How many **a**pplicants do you meet every week?
— I meet 10 **a**pplicants every week.

「彼に会った」を英作文する際、「I met……he-his-him.」と、順番に代名詞の格変化を口にしないと目的格が出てこない人がいます。即座に出るよう、繰り返し練習しましょう。

① 私は毎週月曜日、彼女に電話します。

② あなたは彼を知っていますか？

③ 彼女は毎週私たちにEメールします。

④ 彼らはあなたを好きです。

⑤ 私は彼らとゴルフをしません。

⑥ 彼は彼女を知っていますか？

⑦ その助手はあなたを助けますか？

⑧ その取締役は私たちを必要としています。

⑨ 応募者たちはよく彼に電話をしてきますか？

⑩ その配管工は時々、彼らのために働きます。

一般動詞の後だけでなく、前置詞の後にも目的格がきます。
I have a meeting with them.
I cook for her.

① I **call** her every Monday. 🐻

make a phone call
とも言います。

② Do you know him?

③ She **emails** us every week.

④ They like you.

⑤ I don't play golf with them.

⑥ Does he know her?

⑦ Does the **assistant** help you?

⑧ The **director** needs us.

⑨ Do **applicants** often call him?

⑩ The **plumber** sometimes **works** for them.

❾ 命令形 / Let's〜

命令形は一般動詞の場合は動詞の原形から、be動詞の場合は原形beから始めます。また、文頭にDon'tをつけると否定文になります。「〜しましょう」という意味のLet'sとあわせて、Let's try!

❶ この記事を読みなさい。

❷ この領収書にあなたの名前を書いてください。

❸ その競合相手に注意しなさい。

❹ このファイルを開いてはいけません。

❺ その研修に遅れないでください。

❻ その打合せの後で請求書を作りましょう。

❼ その結果を確認しましょう。

❽ 彼らと軽食を楽しみましょう。

❾ この器具を買いましょう。

❿ その名所を訪れましょう。

1. Read this article.

   please をつけると丁寧になります。

2. Write your name on this receipt, **please**.

3. Be careful of the competitor.

4. Don't open this file.

5. Please don't be late for the session.

6. Let's make a bill after the meeting.

7. Let's check the result.

8. Let's enjoy **refreshments** with them.

   snacks とも言います。

9. Let's buy this equipment.

10. Let's visit the landmark.

独立所有格と聞くとちょっといかめしい感じですが、要はI-my-me-mineのmineにあたるもので、日本語では「～のもの」という意味になります。独立所有格は、主語や補語、目的語になります。

❶ この売上報告書は私のものです。

❷ あの請求書はあなたのものですか？

❸ 彼のコピー機は古い。彼女のもまた古い。

❹ この台所用品はあなたのですか、それとも彼のですか？

❺ あなたのはしごは短いです。私のを使ってください。

❻ この提案書はあなたたちのものですか？

❼ あの大きな行事は彼らのものですか？

❽ この青い荷物はあなたの秘書のものですか？

❾ あの器具は彼のですか、それとも彼女のですか？

❿ これらのエアコンは私たちのものです。

---

① This sales report is mine.

---

② Is that bill yours?

---

③ His copy machine is old.
Hers is old, too.

> copierとも言います。

---

④ Is this kitchen utensil yours or his?

---

⑤ Your ladder is short. Please use mine.

---

⑥ Is this proposal yours?

---

⑦ Is that big event theirs?

---

⑧ Is this blue package your secretary's?

---

⑨ Is that equipment his or hers?

---

⑩ These air conditioners are ours.

⓫ whose

ここではwhose＋名詞＋be動詞〜?、whose＋be動詞〜?の２パターンを練習します。最初は少し難しいかもしれませんが、慣れれば即座に英作文できるようになります。がんばって練習してください。

❶ これは誰の予約ですか？

❷ あの記事は誰のですか？

❸ 彼らは誰の納入業者ですか？

❹ あれは誰の芸術作品ですか？

❺ あの旅行かばんは誰のですか？

❻ これは誰の銀行口座ですか？ ― 私たちのです。

❼ この小さなノートパソコンは誰のですか？
― 彼女のです。

❽ あれは誰の売上記録ですか？ ― 彼のです。

❾ これらは誰のアイデアですか？ ― 彼らのです。

❿ あれは誰のプロジェクトですか？ ― 彼女たちのです。

2パターンを即座に英作文できるようにしましょう。
これは誰のノートパソコンですか? → Whose laptop is this?
このノートパソコンは誰のですか? → Whose is this laptop?

① Whose reservation is this?

② Whose is that article?

③ Whose suppliers are they?

④ Whose artwork is that?

⑤ Whose is that luggage?

⑥ Whose bank account is this? — It's ours.

⑦ Whose is this small laptop?
— It's hers.

⑧ Whose sales record is that? — It's his.

⑨ Whose ideas are these? — They are theirs.

⑩ Whose project is that? — It's theirs.

TRACK ▶ 12

whereで始まる疑問文で、be動詞と一般動詞の文を練習します。be動詞なら特にisとare、一般動詞ならdoとdoesのどちらを使うのかに気をつけながらトレーニングしましょう。

---

① あなたのホッチキスはどこですか？

---

② あなたはどこで働いていますか？

---

③ 私たちの送迎バスはどこですか？

---

④ 彼女はどこで経済学を教えていますか？

---

⑤ 私たちの実習生たちはどこにいますか？

---

⑥ 彼らはどこで車を借りますか？
　― 埼玉で借ります。

---

⑦ あなたの弁護士はどこにいますか？
　― 彼女はそのロビーにいます。

---

⑧ 君たちは毎日どこで昼食を食べるのですか？
　― 食堂で食べます。

---

⑨ 値札はどこにありますか？
　― あなたの机の上にあります。

---

⑩ あの会計士はどこの出身ですか？
　― 彼は香港出身です。

即座に英作文すると、doとdoesを混同してしまう人がいます。

× Where do he work?

○ Where does he work?

① Where is your stapler?

② Where do you work?

③ Where is our shuttle bus?

④ Where does she teach economics?

⑤ Where are our apprentices?

⑥ Where do they rent a car?
— They rent it in Saitama.

⑦ Where is your lawyer?
— She is in the lobby.

⑧ Where do you eat lunch every day?
— We eat it in the cafeteria.

⑨ Where is the price tag?
— It is on your desk.

⑩ Where is that accountant from?
— He is from Hong Kong.

whenで始まる疑問文で、be動詞と一般動詞の文を練習します。whereと同様、be動詞なら特にisとare、一般動詞ならdoとdoesのどちらを使うのかに気をつけながらトレーニングしてください。

① あなたのお昼休みはいつですか？

② あなたはいつ運動しますか？

③ あなたはいつ営業部とともに働きますか？

④ 彼の出張はいつですか？

⑤ その発売日はいつですか？

⑥ その職員はいつその扉に鍵をかけますか？

⑦ 彼らはいつその弁護士事務所に行きますか？

⑧ 彼女と彼女の上司はいつその打合せを終えますか？

⑨ あなたの歯医者は毎朝、いつ、そのクリニックを開けますか？

⑩ あなたはいつ彼に連絡しますか？

① When is your lunch break?

② When do you exercise?

③ When do you work with the sales department?

④ When is his business trip?

⑤ When is the release date? 🐻

> launch date
> とも言います。

⑥ When does the staff lock the door?

⑦ When do they go to the lawyer's office?

⑧ When do she and her boss finish the meeting?

⑨ When does your dentist open the clinic every morning?

⑩ When do you contact him?

⓮ which

TRACK ▶14

ここではwhich＋be動詞〜?、which＋名詞＋be動詞〜?の2パターンを練習します。whoseと同様、最初は少し難しいかもしれませんが、慣れれば即座に英作文できるようになります。

❶ どちらがあなたの封筒ですか？

❷ どちらが彼の手さげかばんですか？

❸ どちらが彼女の眼鏡ですか？

❹ どれがあなたの会社のブースですか？

❺ どの会員カードがあなたのですか？

❻ どの男性が私たちの整備士ですか？
― あの背の高い男性です。

❼ どちらがあなたの従業員たちですか？　こちらの男性たちですか、それともあちらの男性たちですか？ ― こちらの男性たちです。

❽ どの駐車券が彼女のですか？
― あの黄色い券です。

❾ どちらがあなたの会社の新しいモデルですか？　こちらですか、それともあちらですか？ ― あちらです。

❿ どちらが彼のお気に入りの飲み物ですか？　コーヒーですか、それとも緑茶ですか？ ― 緑茶です。

2パターンを即座に英作文できるようにしましょう。
どちらが彼の手さげかばんですか？ → Which is his briefcase?
どちらの手さげかばんが彼のですか？ → Which briefcase is his?

① Which is your envelope?

② Which is his briefcase?

③ Which are her glasses? 🐻

「眼鏡」の意味では複数形です。

④ Which is your company's booth?

⑤ Which membership card is yours?

⑥ Which man is our mechanic?
— That tall man is.

⑦ Which are your employees, these men or those men? — These men are.

⑧ Which parking ticket is hers?
— That yellow ticket is.

⑨ Which is your company's new model, this one or that one? — That one is.

⑩ Which is his favorite beverage, coffee or green tea?
— Green tea is.

⓯ 主語 it

 itは主語として、さまざまなことを表現します。時間や曜日、天気、気候、気温、明暗、距離などはその代表例です。慣れてきたら、主語と動詞を短縮して英作文しましょう。

❶ 今日は木曜日です。

❷ 今日は火曜日ですか？

❸ 今シドニーでは午後1時です。

❹ この講堂の中は暖かいですか？

❺ その玄関のまわりは少し暗いです。

❻ ブエノスアイレスは冬です。

❼ 今日は暑いです。私たちのお気に入りの居酒屋に行きましょう。

❽ 昼食の時間です。

❾ あの倉庫の中はいつも乾燥しています。

❿ ここから私たちの子会社まではそんなに遠くはありません。

慣れてきたら、主語と動詞を短縮して英作文しましょう。
It is rainy today. → It's rainy today.

---

1 It is Thursday today.

2 Is it Tuesday today?

o'clock は省略
できます。

3 It is one <u>o'clock</u> in the afternoon in Sydney now.

4 Is it warm in this auditorium?

5 It is <u>a little</u> dark around the entrance.

a little + 形容詞で
「少し〜です」という
意味になります。

6 It is winter in Buenos Aires.

7 It is hot today. Let's go to our favorite pub.

8 It's lunch time.

9 It's always dry in that warehouse.

10 It's not so far from here to our subsidiary.

⓰ What time〜?

TRACK ▶16

What timeで始まる疑問文です。即座に英作文すると、doやdoesを使うべき場合にもかかわらず、ついbe動詞を使ってしまう人がいます。使い分けに気をつけながら練習しましょう。

① ニューヨークは今何時ですか？

② あなたは毎朝、何時にそのバスに乗るのですか？

③ その店は何時に開くのですか？

④ その市場は何時に閉まるのですか？

⑤ あなたの上司は普段何時に事務所に来るのですか？

⑥ あなたは毎日、何時にお昼休みを取るのですか？
― 12時半に取ります。

⑦ 今そちらは何時ですか？
― 朝の5時です。

⑧ あなたとあなたの上司は何時に報告書を受け取りますか？
― 10時に受け取ります。

⑨ 彼らは何時にその食料品店を開けますか？
― 午前8時に開けます。

⑩ そのトレーニングは何時に終わりますか？
― 午後3時に終わります。

即座に英作文すると、ついbe動詞を使ってしまう人がいます。
× What time are your boss come to the office?
○ What time does your boss come to the office?

① What time is it in New York now?

② What time do you take the bus every morning?

③ What time does the store open?

④ What time does the market close?

⑤ What time does your boss usually come to the office?

⑥ What time do you have a lunch break every day?
— I have it at twelve thirty.

⑦ What time is it there now?
— It's five in the morning.

⑧ What time do you and your boss receive a report?
— We receive it at ten.

⑨ What time do they open the grocery store?
— They open it at eight in the morning.

⑩ What time does the training end?
— It ends at three in the afternoon.

⑰ how

howは形容詞や副詞とセットで使うことも多いですが、ここでは単独で使う形でトレーニングします。be動詞を使う文、一般動詞を使う文、いずれも使いこなせるようにしましょう。

---

① ご機嫌いかがですか？
— 元気です。ありがとうございます。

---

② 本社のみなさんは元気ですか？

---

③ あなたはどうやって事務所に来ますか？
— 地下鉄で来ます。

---

④ あなたはどうやってこのウェブサイトを更新しますか？

---

⑤ あなたはどうやってこれらの画像をアップロードしますか？

---

⑥ あなたはどうやってこの書式を提出しますか？

---

⑦ 彼らはどうやってそのチームを訓練しますか？

---

⑧ あなた方の従業員はお元気ですか？ — 元気です。

---

⑨ あなたはどうやってその請求書を支払うのですか？

---

⑩ 上海での売り上げはどうですか？

---

howの2つの使い方をマスターしましょう。
How is your son? — He is fine.　be動詞
How does your son go to school?　一般動詞
— He goes to school by bicycle.

① How are you?
— I'm fine. Thank you.

② How is **everyone**
at headquarters?

everyoneは
単数扱いです。

③ How do you come to the office?
— I come **by** subway.

移動手段は
byを使います。

④ How do you update this website?

⑤ How do you upload these images?

⑥ How do you submit this form?

⑦ How do they train the team?

⑧ How are your employees? — They are fine.

⑨ How do you pay the bill?

⑩ How are the sales in Shanghai?

⑱ How＋形容詞＋be動詞〜？　　TRACK ▶18

ここではHow＋形容詞＋be動詞の疑問文を練習します。使用する形容詞はold、tall、far、much、longです。名詞の単数形、複数形と、be動詞の対応に気をつけましょう。

❶ あなたはおいくつですか？

❷ その市庁舎はどのくらい古いのですか？

❸ あのクローゼットはどのくらい背が高いのですか？

❹ その映画館はここからどのくらい遠いですか？

❺ この電子レンジはいくらですか？

❻ 面接はどのくらい長いのですか？
　 ― 15分くらいです。

❼ これらの芸術作品はどのくらい古いのですか？
　 ―150年くらいです。

❽ それらの本棚はどのくらい背が高いのですか？
　 ― 2メーターです。

❾ そのレンタル料金はいくらですか？ ― 500円です。

❿ 彼女のプレゼンはどのくらい長いのですか？
　 ― 30分くらいです。

名詞の単数形、複数形と、be動詞の対応に注意しましょう。
How tall is that bookshelf? 単数形
How tall are those bookshelves? 複数形

---

① How old are you?

② How old is the city hall?

③ How tall is that closet?

movie houseとも
言います。

④ How far is the movie theater
from here?

⑤ How much is this microwave oven?

⑥ How long is the interview?
— It's about 15 minutes.

⑦ How old are these works of art?
— They are about 150 years old.

単数形は
bookshelfです。

⑧ How tall are those bookshelves?
— They are 2 meters.

⑨ How much is the rental fee? — It is 500 yen.

⑩ How long is her presentation?
— It is about 30 minutes.

⑲ 疑問詞主語 who　　　　　TRACK ▶19

疑問詞whoが主語になる文型の練習です。主語のwhoは原則、三人称単数扱いですので、現在形では一般動詞の最後に〈es〉がつきます。ただし、応答の際は主語が三人称単数とは限りませんので注意してください。

❶ 誰がこの打合せルームを掃除するのですか？

❷ 誰がそのウェブサイトを更新するのですか？

❸ 誰がその大学でマーケティングを教えますか？

❹ 誰がこの洗濯機を使いますか？

❺ 誰がその受付係によく電話しますか？

❻ 誰が毎月その請求書を支払うのですか？
　― 私たちのマネージャーです。

❼ 誰がよくあなたにテキストメッセージを送りますか？
　―私の秘書です。

❽ 誰がその冷蔵庫を使うのですか？
　― 事務所のみんなです。

❾ 誰がこのパンフレットを欲しいのですか？
　― 多くのお客さんです。

❿ 誰がこの部署を管理するのですか？ ― 私がします。

主語のwhoは原則、三人称単数扱いですが、応答の際は主語
が三人称単数とは限りません。
Who wants this brochure? — Many customers do.

① Who cleans this meeting room?

② Who updates the website?

③ Who teaches marketing at the college?

④ Who uses this washing machine?

⑤ Who often calls the receptionist?

⑥ Who pays the bill every month?
 — Our manager does.

⑦ Who often texts you?
 — My secretary does.

省略されるとfridgeに
なります。

⑧ Who uses the <u>refrigerator</u>?
 —Everyone at the office does.

⑨ Who wants this brochure?
 — Many customers do.

⑩ Who manages this department? — I do.

canをはじめとする助動詞の場合、後に続く動詞はいつも原形になります。主語が三人称単数であっても、動詞の活用を気にする必要がありません。助動詞を使いこなせれば、表現の幅が大きく広がります。

① あなたはこのファイルを開くことができますか？

② テッドは上手にビジネスレターを書くことができる。

③ 私は掃除機を修理することができます。

④ 彼女はこの会計ソフトを使えません。

⑤ あなたは中国向けのその請求書を作ることができますか？

⑥ あのインターンたちはその倉庫で働くことができますか？

⑦ 私たちは毎日何ポイントを貯めることができますか？
― 毎日5ポイントを貯めることができます。

⑧ ロバートはこの報告書を日曜日までに終わらせることができますか？

⑨ その応募者は何をすることができますか？

⑩ 私はどこで私たちの予算を確認することができますか？
― あなたはこちらで確認できます。

① Can you open this file?

② Ted can write business letters well.

③ I can repair vacuum cleaners. fixとも言います。

④ She can't use this accounting software.

⑤ Can you make the bill for China?

⑥ Can those interns work in the warehouse?

⑦ How many points can we save every day?
— You can save 5 points every day.

⑧ Can Robert finish
this report by Sunday? 「〜までに」は
byを使います。

⑨ What can the applicant do?

⑩ Where can I check our budget?
— You can check it here.

be動詞＋〜ingで「（今まさに）〜しているところだ」という意味になります。頭ではわかっていても、即座に英作文をすると、意外とbe動詞の脱落が起きやすくなりますので気をつけてください。

① 私は、私の作業の予定表を確認しているところです。

② あなたは今、休憩をとっているのですか？

③ 私の仕事仲間は研究所で働いているところです。

④ あなたはここで何をしているのですか？

⑤ 彼女は会議室で何をしているのですか？

⑥ 彼はどこでトレーニングしているのですか？
― あの手すりのそばです。

⑦ 彼女は今、何をアンインストールしているのですか？
― この会計ソフトです。

⑧ あなたたちは何を運んでいるのですか？
― 電子レンジです。

⑨ その整備士とその秘書は何をしているのですか？
― そのコピー機をチェックしています。

⑩ 彼らはその事務所用家具を配置しているところです。

1. I'm checking my **w**ork **s**chedule.

2. Are you **t**aking a **b**reak now?

3. My **c**oworkers are **w**orking in the **l**aboratory.

4. What are you doing here?

本書では「会議
=conference」
としています。

5. What is she doing in
the conference room?

6. Where is he **t**raining?
— He is **t**raining by that **r**ailing.

install⇔uninstall

7. What is she uninstalling now?
— She is **u**ninstalling this **a**ccounting **s**oftware.

8. What are you carrying?
— We're carrying a **m**icrowave **o**ven.

9. What are the **m**echanic and the **s**ecretary doing?
— They're checking the **c**opy **m**achine.

10. They are arranging the **o**ffice **f**urniture.

原形はarrangeです。

㉒ There is 〈are〉〜

There＋be動詞で、「〜がある」「〜がない」を表現する文型です。この場合も、名詞が単数形なのか複数形なのかによって、対応するbe動詞が変わります。しっかりと注意しながら練習を繰り返しましょう。

❶ 棚の上の方に時計があります。

❷ その引き出しの中にたくさんの書類があります。

❸ このプロジェクトにはいくらかリスクがありますか？

❹ その乗り物の中にはいくつ植木鉢がありますか？

❺ 今日は直行便が2便しかありません。

❻ そのキャビネットにはノートパソコンがいくつありますか？

❼ その店には電化製品がひとつもありません。

❽ 色の選択肢はいくつありますか？
― 15の選択肢があります。

❾ 何かいい提案はありますか？

❿ この部署にはひとりも外国人の従業員はいません。

1. There is a clock above the shelf.

2. There are many documents in the drawer.

3. Are there any risks in this project?

4. How many flower pots are there in the vehicle?

5. There are only two direct flights today.

6. How many laptops are there in the cabinet?

7. There aren't any appliances in the store.

8. How many color options are there?
   — There are 15 options.

9. Are there any good suggestions?

10. There aren't any foreign employees in this department.

中学2年レベル

The man worked overtime on Friday.

❶ 過去形

ここでは、be動詞の過去形と一般動詞の過去形を使って英作文します。be動詞の場合は主語との対応に、一般動詞の場合は不規則変化する動詞に注意してトレーニングしましょう。

❶ 彼のふるまいは良かった。

❷ 彼女はその時、対応可能でした。

❸ その男性は金曜日に残業した。

❹ あなたはいつその吸収合併のニュースを聞きましたか？

❺ 私たちはそのアポをキャンセルしました。

❻ 彼らはその昼食会議で何について話しましたか？

❼ その会計士はどうやって空港まで行きましたか？
― 彼はバスで行きました。

❽ その研究所にはたくさんの道具がありました。

❾ あなたは昨日の夕方、どこにいましたか？
― 宴会場にいました。

❿ この動画は去年韓国でとても人気でした。

TIPS

本文で使用している動詞で不規則変化を確認しましょう。
hear-heard-heard
go-went-gone

① His **b**ehavior was good.

主語が人でも
物でも使えます。

② She was **a**vailable then.

③ The man **w**orked **o**vertime on Friday.

④ When did you hear the **m**erger **n**ews?

⑤ We **c**anceled the appointment.

⑥ What did they talk about at the **l**unchtime **m**eeting?

⑦ How did the accountant go to the **a**irport?
— He went there by bus.

⑧ There were many **t**ools in the laboratory.

⑨ Where were you yesterday evening?
— I was at a **b**anquet **h**all.

⑩ This **v**ideo was popular in South Korea last year.

❷ 過去進行形

過去進行形は、その名のとおり、現在進行形の時制を過去にしたものです。be動詞の過去形＋〜ingで、「〜しているところだった」と訳します。be動詞の脱落が起きやすいので気をつけましょう。

❶ そのマネージャーはカフェで休んでいるところでした。

❷ あなたは売上報告書を書いているところでしたか？

❸ その電気工は３時間前に何をしていましたか？

❹ あの長椅子に座っていたのは誰ですか？

❺ あなたはジャケットを試着しているところでしたか？

❻ その時、彼らは予算について話し合っていなかった。

❼ あなたは何を探していましたか？
― その価格表を探していました。

❽ 彼は何を見直していましたか？
― 彼は年金プランを見直していました。

❾ なぜその整備士たちはロビーに立っていたのですか？

❿ その時、私はフライトの予約をしているところでした。

be動詞の脱落に注意しましょう。

× The manager resting in a cafe.

○ The manager was resting in a cafe.

① The manager was <u>resting</u> in a cafe.

> take a rest とも言います。

② Were you writing a sales report?

③ What was the electrician doing 3 hours ago?

④ Who was sitting on that couch?

⑤ Were you trying on jackets?

⑥ They were not <u>discussing</u> the budget then.

> aboutは不要です。

⑦ What were you looking for?
— I was looking for the price list.

⑧ What was he reviewing?
— He was reviewing the pension plan.

⑨ Why were the mechanics standing in the lobby?

⑩ I was booking a flight then.

whenは、接続詞で使うと「〜の時」「〜の頃」という意味になります。when節は文頭にも文中にも置くことができますので、どちらも自在に使えるようになるまで、しっかりとトレーニングしましょう。

① 私たちがその新しい発電所を建てた時、私たちはとても忙しかった。

② 私たちがその製品の在庫を確認した時、それは欠品でした。

③ そのお客さんが私の助手に電話をした時、私は対応可能だった。

④ その器具が到着した時、彼らは倉庫にいた。

⑤ 仕事をする時、ロバートはこの施設を使いますか？

⑥ その配達員が来た時、私の同僚はオンラインでおしゃべりをしているところだった。

⑦ 若い頃、彼女は校正者だった。

⑧ あなたがその明細つき請求書を受け取ったら、私に連絡してください。

⑨ 彼女たちが打合せをした時、太田さんは休憩をとっているところだった。

⑩ そのシステム障害が起きた時、あなたはどこにいましたか？

① When we built the new power plant, we were very busy.

② When we checked the inventory of the product, it was out of stock.

③ When the customer called my assistant, I was available.

④ When the equipment arrived, they were in the warehouse.

⑤ Does Robert use this facility when he works?

本書では
「同僚=colleague」と
しています。

⑥ My colleague was chatting online when the delivery person came.

⑦ She was a proofreader when she was young.

⑧ Please contact me when you receive the invoice.

⑨ Ms. Ota was taking a break when they had a meeting.

⑩ Where were you when the system failure happened?

❹ SVC — 一般動詞

 SVCは主語 (S) が補語 (C) とイコールになる文型です。動詞 (V) としてbe動詞を使う場合が多いですが、今回は一般動詞を使います。どんな時にどんな動詞を使うべきなのか、気をつけながら練習してください。

❶ 彼女の販売促進計画は完璧に聞こえる。

❷ あれは素晴らしく聞こえる [それはいいですね]。

❸ あれはそんなに悪く見えない。

❹ そのプレゼンの前、彼は緊張しているように見えた。

❺ 彼は、息子が外交官になった時、とても幸せに感じた。

❻ その観光客たちは、その天気予報を見た時、とても悲しくなった。

❼ その外科医はアメリカで有名になった。

❽ あの電気自動車はその国では人気にならなかった。

❾ あの信号が黄色になった。

❿ 彼は、同じ失敗をした時、青くなった。

soundは音、lookは見た目を表します。
feel、become、getは感情や様子の変化、turnは色の変化に
使われます。
Her promotion plan sounds perfect.
The traffic light turned yellow.

1. Her promotion plan sounds perfect.

2. That sounds great.

3. That doesn't look so bad.

4. He looked nervous before the presentation.

5. He felt very happy when his son became a diplomat.

weather broadcast
は「気象放送」です。

6. The tourists got very sad when they saw the weather forecast.

7. The surgeon became famous in the US.

8. That electric vehicle didn't become popular in the country.

9. That traffic light turned yellow.

主語をhis faceに
することもできます。

10. When he made the same mistakes, he turned pale.

❺ SVO＋to〈for〉

主語（S）＋動詞（V）＋目的語（O）の後にto＋人、またはfor＋人が続きます（toは到達、forは目的の場合に使用）。前置詞の後は、必ず代名詞の目的格になることを忘れないように。

❶ そのコンサルタントは彼らに助言を与えた。

❷ 彼は聴衆に1枚の写真を見せた。

❸ その社員名簿を彼にあげてください。

❹ 宣伝部のアンディがあなたに英語を教えているのですか？

❺ 彼女はあなたにそのレンタル料金を貸してくれましたか？

❻ スミスさんが私たちにコーヒーをいれてくれた。

❼ アランは彼女にそのニュースの詳細を教えましたか？

❽ 彼女は私の同僚にその契約書を見せた。

❾ その銀行はその建設会社にいくら貸したのですか？

❿ 法務部の田中さんは彼女の家族のために家を買った。

toは到達、forは目的に使います。

Pass the sugar to Mike. マイクに砂糖を渡して。

Pass the sugar for Mike. マイクのために砂糖を渡して。

① The consultant 動詞adviseを
gave advice to them. 使うこともできます。

② He showed a photo to the audience.

③ Please give the company directory to him.

④ Does Andy in the advertising department teach English to you?

⑤ Did she lend the rental fee to you?

⑥ Mr. Smith made some coffee for us.

⑦ Did Allan tell the details of the news to her?

⑧ She showed the contract to my colleague.

⑨ How much did the bank lend to the construction company?

⑩ Ms. Tanaka in the legal department bought a house for her family.

⑥ SVOO

TRACK ▶6

⑤のSVO＋to〈for〉では、目的語（O）は物で、to＋人またはfor＋人が続きましたが、今回は最初の目的語（O）は人、次の目的語（O）は物になります。慣れたら入れ替える練習もしてみましょう。

1 彼らは私に私の**小包**を送った。

2 金曜日、みんなにこの**知らせ**を送ってください。

3 あなたに時間がある時、私たちに**電話**してください。

4 その**ボランティア**たちが彼らに熱い紅茶をいれた。

5 彼はあなたに**統計学**を教えているのですか？

6 その**講演者**は聴衆に１枚の**図表**を見せた。

7 私にあなたの**注文番号**を教えてください。

8 その**男性**はその**市の職員**に彼の**身分証**を見せた。

9 彼らは彼女に良い**解決策**を与えた。

10 私は昨日、あなたにその**招待状**を送りました。

┌─ TIPS ─

語順に注意しながら入れ替える練習もしてみましょう。
They sent me my parcel. SVOO
They sent my parcel to me. SVO + to + 人

① They sent me my parcel.

② Please send everyone this notice on Friday.

③ Please give us a call when you have time. call (動詞) とも言います。

④ The volunteers made them some hot tea.

⑤ Does he teach you statistics?

⑥ The speaker showed the audience a chart.

⑦ Please tell me your order number.

⑧ The man showed the city official his ID.

⑨ They gave her a good solution.

⑩ I sent you the invitation yesterday.

単純未来を表す助動詞としてwillを使います。canの場合と同様、willの後に続く動詞は原形です。また動詞がbe動詞の場合、即座に英作文すると意外とbe動詞を脱落しやすくなりますので気をつけてください。

❶ その知事はその行事をキャンセルするでしょう。

❷ この著者は有名になるでしょう。

❸ 彼らはそのセミナーに参加するでしょう。

❹ その男性はある起業家をインタビューするでしょう。

❺ 彼は違約金を請求するでしょう。

❻ その新しいレストランは良いレビューを得るでしょう。

❼ その患者はすぐここへ来ますか？ ― いいえ、来ません。

❽ 彼らはその荷物を明日発送するでしょう。

❾ その経理担当者はあなたの出張費用を払い戻すでしょう。

❿ 彼らは良い関係を築くでしょう。

動詞を原形にするのを忘れないようにしましょう。

× Dinner will is ready.
○ Dinner will be ready.

---

① The governor will cancel the event.

② This author will be famous.

③ They will participate in the seminar.

join とも言います。

④ The man will interview an entrepreneur.

⑤ He will charge a penalty fee.

⑥ The new restaurant will get a good review.

⑦ Will the patient come here soon? — No, he won't.

⑧ They will ship the package tomorrow.

⑨ The bookkeeper will reimburse your travel expense.

⑩ They will build a good relationship.

助動詞willには「その場で固めた意志」を表す働きもあります。なお、カッコ内の日本文については英作文する必要はありません。状況を想像しながら、意志未来の文を作りましょう。

❶（薬屋で）私はあのかぜ薬をもらいます。

❷（番号を知っているので）後ほどその科学者に電話します。

❸（前回ごちそうしたので）今日、私はその勘定を払わないよ。

❹（したい仕事なので）私はこの職を手に入れるぞ。

❺（その場所に詳しいので）僕がその石油工場を訪問します。

❻（手が空いているので）私たちがその車庫を掃除します。

❼（内容を知っているので）
私が会社の規定を彼女に説明します。

❽（必要があるので）私たちは明日いくつか測定をします。

❾（あなたが忙しそうなので）
私があなたのために部屋を予約します。

❿（予定が入っているので）今日、私は残業しないよ。

以下も、意志を表します。
The door won't open. ドアが開いてくれない。
The baby won't stop crying.
赤ちゃんが泣きやんでくれない。

1 I will have that cold medicine.

2 I'll call the scientist later.

3 I won't pay the bill today.

4 I'll get this position.

5 I'll visit the oil plant.

6 We'll clean the garage.

7 I will explain the company regulation to her.

8 We will take some measurements tomorrow.

9 I'll book a room for you.

10 I won't work overtime today.

will you〜?で始めると「〜してもらえますか？」という依頼、shall I / we〜?は「〜しましょうか？」という申し出、誘いの表現となります。ぜひ、答え方にも注目してみてください。

① このデータを更新してもらえますか？
― もちろんです。

② その青いボタンを押してもらえますか？
― わかりました。

③ 彼らのウェブサイトにアクセスしてもらえますか？
― お待ちください。

④ 今、お肉売り場へ行ってもらえますか？
― すみません。行けません。

⑤ あなたの出張を延期してもらえますか？
― かしこまりました。

⑥ ドアを開けてくれますか？
― 暗証番号は何ですか？

⑦ 私がその配達のスケジュールを確認しましょうか？
― はい。お願いします。

⑧ ここにその花瓶を置きましょうか？
― あそこへ置いてください。

⑨ 私たちがキャビネットを向こうに動かしましょうか？
― そうしましょう。

⑩ 予算について話し合いましょうか？
― 後にしましょう。

答え方にも注目しましょう。
sure、all right、of course、certainly
は承諾の意味になります。

① Will you please update this data?
— Sure.

② Will you please press
the blue button? — All right.

pushよりpressが
使われます。

③ Will you please access their
website? — Please hold on.

waitより丁寧な
表現です。

④ Will you please go to the meat section now?
— I'm sorry, but I can't.

⑤ Will you please postpone your
business trip? — Certainly.

日常会話では
put offをよく
使います。

⑥ Will you please open the door?
— What's the code number?

⑦ Shall I check the delivery schedule?
— Yes, please.

⑧ Shall I put the flower vase here?
— Please put it over there.

⑨ Shall we move the cabinet over there?
— Yes, let's.

⑩ Shall we discuss the budget?
— Let's discuss it later.

❿ be going to

TRACK ▶10

be going to＋動詞の原形で、「〜する予定」「〜する
つもり」を意味します。willがその場で決めたことを
表すのに対し、be going toはあらかじめ決まってい
ることを表します。

---

❶ あなたは来週、シフト勤務が始まる予定です。

---

❷ 彼らはいつ本社に到着する予定ですか？
― 12時半です。

---

❸ あなたがたはどこに新しいパン屋をオープンさせる予定で
すか？

---

❹ 誰がプレゼンをする予定ですか？
― 私たちのコンサルタントです。

---

❺ あなたがたは何人の営業担当者を雇うつもりですか？
― 5、6人です。

---

❻ 基調講演者は何について話すつもりなの？

---

❼ 私は住民たちに会う予定でした。

---

❽ そのグループは何時にその遊園地を訪れる予定ですか？
― 10時頃です。

---

❾ 私たちは何時にその式典へむけて出発しますか？

---

❿ 彼女はビニール袋を使うつもりです。

---

① You are going to start your shift next week.

② When are they going to arrive at headquarters?
— They are going to arrive there at 12:30.

③ Where are you going to open a new bakery?

④ Who is going to give a presentation?
— Our consultant is.

⑤ How many sales representatives are you going to hire? — 5 or 6.

⑥ What is the keynote speaker going to talk about?

⑦ I was going to meet the residents.

⑧ What time is the group going to visit the amusement park? — About ten.

⑨ What time are we going to leave for the ceremony?

⑩ She is going to use a plastic bag.

⓫ must / may

⓫ must / may

TRACK ▶11

助動詞mustは肯定文では義務、否定文では禁止を表し、助動詞mayは許可を取ったり、出したりする際に使います。mustやmayの場合ももちろん、後に続く動詞は原形となります。

① あなたはこれらの手続きに従わなければならない。

② 私たちは、私たちの商品の価格を上げてはいけません。

③ みんなが工場内ではヘルメットを被らなければならない。

④ 私は新しいプログラム技術を学ばなければなりませんか？

⑤ あなたは頭上のラックに旅行かばんを置いてはいけません。

⑥ 私はその試着室を使ってもいいですか？
― もちろんです。

⑦ 私はスマホの充電をしてもいいですか？
― いいえ、いけません。

⑧ 私は期限日の延期を頼んでもいいですか？

⑨ 私はこのミキサーを借りてもいいですか？
― どうぞ。

⑩ あなたは受付であなたの名札を受け取ってもいいです。

82

① You must follow these procedures.

② We must not raise the price of our merchandise.

③ Everyone must wear a helmet in the factory.

④ Must I learn new programming skills?

⑤ You must not put your luggage on overhead racks.

⑥ May I use the fitting room?
— Of course.

⑦ May I charge my smartphone?
— No, you may not.

⑧ May I ask for a due date extension?

mixerは「泡立て器」の意味です。

⑨ May I borrow this <u>blender</u>?
— Sure.

⑩ You may pick up your badge at the reception desk.

⑫ have to

have toはmustと同様に義務を表します。ただし否定文の場合、mustは禁止の意味になりましたが、have toは「〜する必要はない」という意味になります。注意しましょう。

---

1 私は新しい電池を買わなければならない。

---

2 彼女はその競合相手たちを分析する必要がありませんでした。

---

3 私たちは博多に事務所を借りる必要がありますか？
— いいえ、必要はありません。

---

4 その花屋は毎日、その植物に水をやらなければならない。

---

5 あなたはそのガスの請求書を払う必要はありません。

---

6 私は経営陣と話す必要がありますか？
— はい、あります。

---

7 彼女はなぜ去年引退しなければならなかったのですか？

---

8 彼は今日決める必要がありますか？
— いいえ、必要はありません。

---

9 私は自分の出張のためすべてを詰め込まなければならない。

---

10 その編集者は何をしなければならなかったのですか？
— 彼女はその著者に連絡を取らなければなりませんでした。

---

① I have to buy a new **b**attery.

② She didn't have to **a**nalyze the competitors.

③ Do we have to rent an office in Hakata?
— No, you don't.

④ The **f**lorist has to water the plants every day.

⑤ You don't have to pay the **g**as **b**ill.

⑥ Do I have to talk to **m**anagement?
— Yes, you do.

⑦ Why did she have to **r**etire last year?

⑧ Does he have to **m**ake a **d**ecision today?
— No, he doesn't.

⑨ I have to **p**ack everything for my business trip.

⑩ What did the editor have to do?
— She had to contact the **a**uthor.

⓭ be able to

be able to＋動詞の原形で、可能を表します。現在や過去はもちろん、willと一緒に使って、未来の可能を表すことができます。使いこなせると、表現の幅を広げることができますのでがんばりましょう。

❶ あなたは歯科検診を受けることができます。

❷ 私は仕事のトレーニングで我が社のCEOに会うことができた。

❸ 彼女は明日、その原稿を終わらせることができるでしょう。

❹ 彼らは駐車する場所を見つけることができましたか？

❺ 彼はあの器具を交換することができるでしょうか？
 ― はい、できます。

❻ 私たちは良い結果を得ることができなかった。

❼ その業者はその台所を改築することはできないでしょう。

❽ あなたがたは200人のゲストを招待することができますか？ ― いいえ、できません。

❾ 彼はその講義を要約することができなかった。

❿ その会社は新しい警備員を雇うことができた。

will (not)と一緒に使うと未来の可能や不可能を表します。
He will be able to help us.
彼は私たちを助けることができるでしょう。

① You are able to have
a dental exam.

chief executive officer
「最高経営責任者」の
省略形です。

② I was able to meet our CEO
in the job training.

③ She will be able to finish the draft tomorrow.

④ Were they able to find a parking space?

⑤ Will he be able to replace that equipment?
— Yes, he will.

⑥ We were not able to
get good results.

reformは「改革する、
改善する」の意味です。

⑦ The contractor won't be able to
renovate the kitchen.

⑧ Are you able to invite 200 guests?
— No, we aren't.

⑨ He was not able to summarize the lecture.

⑩ The company was able to hire a new security
guard.

感嘆文には、whatから始まる文と、howから始まる文があります。whatの後には名詞、howの後には形容詞または副詞が続きます。きちんと使い分けられるようにしましょう。

❶ これはなんて素晴らしい提案なのでしょう！

❷ その旅行ガイドさんはなんて親しみやすいのでしょう！

❸ これはなんて良い歓迎会なのでしょう！

❹ この壁紙はなんて美しいのでしょう！

❺ あれはなんてリスクの高い選択だったのでしょう！

❻ 彼らはなんて早くこの問題を解決したのでしょう！

❼ 彼はなんて神経質そうに話すのでしょう！

❽ 私の考えはなんて自分勝手だったのでしょう！

❾ その家具はなんて現代的に見えるのでしょう！

❿ そのドキュメンタリーはなんて面白かったのでしょう！

whatの後は名詞、Howの後は形容詞または副詞が続きます。
What a big noise that is!
How relaxing this beach is!
How slowly they eat!

① What a great suggestion this is!

② How friendly the tour guide is!

③ What a good reception party this is!

「受付」という意味もあります。

④ How beautiful this wallpaper is!

⑤ What a risky choice that was!

make a solution とも言います。

⑥ How quickly they solved this problem!

⑦ How nervously he talks!

⑧ How selfish my idea was!

⑨ How modern the furniture looks!

⑩ How interesting the documentary was!

⑮ to不定詞 — 名詞的用法

ここからto不定詞の練習が続きます。to不定詞は、to＋動詞の原形で、動詞が他の品詞の働きをします。それではまず、to不定詞の名詞的用法から英作文してみましょう。

❶ 私たちは時間を節約する必要があります。

❷ その薬剤師は2015年に働き始めた。

❸ 私の夫は自転車で通勤することに決めた。

❹ あなたのお客さんは何がしたいのですか？
― 彼女は合計金額を知りたいのです。

❺ その音楽家たちはオンラインでバイオリンを弾き始めた。

❻ 彼女の今年の目標は簿記の技術を習得することです。

❼ 彼の夢はその賞を勝ち取ることです。

❽ あなたの銀行口座を今日開設することは可能ではありません。

❾ あなたにいつも柔軟になる［合わせる］ことは不可能です。

❿ 支払いを手配することは大切です。

① We need to **s**ave **t**ime.

派生語pharmacy
は処方箋が必要な
薬局の意味です。

② The **p**harmacist began to work in 2015.

③ My husband decided to **c**ommute by bicycle.

④ What does your customer want to do?
— She wants to know the **t**otal **p**rice.

⑤ The musicians began to play the violin **o**nline.

⑥ Her goal this year is to **m**aster **b**ookkeeping **s**kills.

⑦ His dream is to **w**in the award.

⑧ To **o**pen your bank account today is not possible.

⑨ To always be **f**lexible with you is impossible.

⑩ To **a**rrange **p**ayment is important.

⓰ to不定詞 ― 副詞的用法（目的）　TRACK▶16

名詞的用法の次は、to不定詞の副詞的用法です。to不定詞が動詞などを修飾します。ここでは「〜するために」という意味の、目的を表す副詞的用法でトレーニングしましょう。

① 私たちは新しい国立競技場を建てるために土地が必要だ。

② 彼らはこの論点を話し合うために打合せをするだろう。

③ 私はアポを取るためにその歯医者に電話した。

④ 彼らは私たちの新しいビジネスモデルを学ぶためにここへ来たの？

⑤ その学生は新しい情報を見つけるために就職説明会へ行った。

⑥ アナと彼女の夫は彼らのダイニングルームを改築するために貯金している。

⑦ その弁護士は私たちに助言をするために私たちの事務所を訪れる予定だ。

⑧ 私たちは紛失や盗難を防ぐためにそのセキュリティシステムを導入した。

⑨ 私たちは電力線を修復するために何かをしなければならない。

⑩ 彼女はその価格表を彼に見せるために彼に会うだろう。

副詞的用法では、to不定詞が動詞を修飾します。
Ben goes to the gym to lose weight.
ベンはジムに通っています　体重を落とすために

1. We need land to build a new national stadium.

2. They will have a meeting to discuss this issue.

3. I called the dentist to make an appointment.

4. Did they come here to learn our new business model?

5. The student went to a job fair to find new information.

6. Anna and her husband are saving money to renovate their dining room.

7. The lawyer is going to visit our office to give us advice.

8. We introduced the security system to prevent loss and theft.

9. We have to do something to restore the power lines.

10. She will meet him to show him the price list.

今度は、感情の原因を表す副詞的用法を学習します。日本語では「〜するので」「〜したので」「〜することができて」という意味になります。ぜひがんばって練習してください。

① 私はあなたの**分譲マンション**を訪れることができて嬉しいです。

② 彼はあなたの**部署**で働けて嬉しいでしょう。

③ 私たちは**人事部**からのそのニュースを聞いて残念です。

④ **株主総会**に遅れてすみません。

⑤ 彼らは**見積もり**を見て驚いた。

⑥ 私たちの**薬剤師**たちがあなたのご質問に喜んでお答えします。

⑦ 私たちは、私たちの新しい**学習アプリ**をあなたに見せられて喜んでいます。

⑧ その記者はその発表を聞いて衝撃を受けた。

⑨ みんながその市長に会えて喜んだ。

⑩ 彼女はその調査の結果を知って満足した。

to不定詞が感情を表す形容詞や動詞と結びつくと、感情の原因を表します。
I am glad to visit your condominium.
They were surprised to see the estimate.

1 I am glad to visit your condominium. mansionは「大邸宅」の意味です。

2 He will be happy to work in your department.

3 We are sorry to hear the news from the personnel department.

4 I am sorry to be late for the stockholder's meeting. human resources [HR]とも言います。

5 They were surprised to see the estimate.

6 Our pharmacists will be happy to answer your questions.

7 We are pleased to show you our new learning application.

8 The reporter was shocked to hear the announcement.

9 Everyone was pleased to meet the city mayor.

10 She was satisfied to know the results from the research.

🔞 to不定詞 ― 形容詞的用法

最後はto不定詞の形容詞的用法です。「〜するべき」「〜のための」という意味になり、名詞を修飾します。ネイティブはこの用法をよく使いますので、即座に英作文できるようになるまで何度も繰り返しましょう。

① 私は今日案内するべき数人のゲストがいる。

② 我々は今週話し合うべき論点がたくさんある。

③ 彼らは乳製品を作るための新しい工場を建てました。

④ あなたは何か共有するべき最新情報がありますか？

⑤ 彼女は北京で2、3年を過ごす意志決定をした。

⑥ 彼は明日、その書式に記入する時間がない。

⑦ 私はそのギフトショップで何か息子にあげるものを買うつもりだ。

⑧ 彼は見せるための詳細が何もなかった。

⑨ 誰か水漏れを修理する人を送ってください。

⑩ その桟橋へ運ぶべきコンテナが1台もなかった。

96

形容詞的用法では、to不定詞が前の名詞を修飾します。
We have work to do. 私たちは仕事があります　するべき
Is there anything to eat? 何かありますか　食べるための

1. I have some guests to attend to today.

2. We have a lot of issues to discuss this week.

daily supplies
「日用品」と区別しましょう。

3. They built a new factory to make dairy products.

4. Do you have any updates to share?

5. She made a decision to spend a few years in Beijing.

6. He won't have any time to fill out the form tomorrow.

7. I'm going to buy something to give to my son at the gift shop.

8. He didn't have any details to show.

動詞で、情報などを漏らす(が漏れる)時も使います。

9. Please send someone to fix the water leak.

10. There weren't any containers to carry to the pier.

動詞＋ingで名詞の働きをします。to不定詞の名詞的用法と同様に、主語や目的語、補語になります。いずれの形も自在に使いこなせるように、しっかりとトレーニングすることが重要です。

- **❶** あの会議室を設営し始めましょう。

- **❷** 不平を言うのをやめてもらえますか？

- **❸** 彼らはいつその音響機器を調節し始めたのですか？

- **❹** 新興企業に応募することは若い人たちの間で一般的だ。

- **❺** 東京の郊外へ引っ越しすることが年配の人々の間で人気だ。

- **❻** この社員食堂で食べるのは退屈です。

- **❼** 彼女は時間を管理するのが得意です。

- **❽** 我々の目標は良いレビューを得ることです。

- **❾** 彼らの仕事はストーブを配達することですか？

- **❿** あなたはどんな科目を勉強するのが好きですか？

動名詞は主語や目的語、補語になります。
Dancing is Emma's life. 主語
Emma loves practicing ballet. 目的語
Emma's dream is becoming a professional dancer. 補語

---

① Let's start setting up that conference room.

make a complaint
とも言います。

② Will you please stop complaining?

③ When did they start adjusting the audio equipment?

④ Applying to start-up companies is common among younger people.

⑤ Moving to the suburbs of Tokyo is popular among elderly people.

⑥ Eating at this company cafeteria is boring.

old peopleは失礼
なので使いません。

⑦ She is good at managing time.

⑧ Our goal is getting good reviews.

stoveは
「ガスコンロ」
の意味です。

⑨ Is their work delivering heaters?

⑩ What subject do you like studying?

⑳ 原級比較

原級比較は、as〜asの間に形容詞または副詞の原級が入ります。肯定文で使う場合は「…と同じくらい〜だ」、否定文で使う場合は「…ほど〜ではない」という意味になります。

1 この会場はあの会場と同じくらい有名だ。

2 この応募者はあの応募者と同じくらい有望ですか？

3 あの製品はこの製品と同じくらいお手頃だった。

4 あのテレビ番組はこのテレビ番組と同じくらい人気です。

5 これらのビニール袋はあれらのビニール袋と同じくらい丈夫ですか？

6 この新商品はその古いモデルと同じくらい人気になった。

7 その記者はその若いDJほど速くは話さない。

8 その女性は私たちの社長と同じくらい熱心に経営の勉強をしている。

9 彼は私の同僚と同じくらい上手に水漏れを修理することができる。

10 彼らは私たちと同じくらい効率よく働きます。

① This **venue** is as famous as that **venue** [that <u>one</u>].

慣れてきたら
one / onesを
使いましょう。

② Is this applicant as **promising** as that applicant [that one]?

③ That product was as **reasonable** as this product [this one].

④ That TV **program** is as popular as this TV **program** [this one].

⑤ Are these **plastic bags** as strong as those **plastic bags** [those ones]?

⑥ This new **item** became as popular as the old model.

⑦ The **reporter** doesn't talk as fast as the young DJ.

⑧ The woman studies **business management** as hard as our **president** does.

⑨ He can **fix water leaks** as well as my **colleague** can.

⑩ They work as **efficiently** as we do.

原級比較の次は比較級のトレーニングです。形容詞er形＋thanで、「…より～だ」という意味になります。即座に英作文できるようになるまで、何度も繰り返してみてください。

❶ この商業ビルはあのホテルより高い。

❷ これらの食品トレーはあれらの食品トレーより深い。

❸ あの競合相手はこの競合相手より手強いですか？

❹ あの道具はこの日本製の道具より安かった。

❺ 彼の報告書はこの報告書より簡潔になるでしょう。

❻ この工程はあの工程より簡単に見えます。

❼ この開発計画はあの開発計画より大変そうに聞こえた。

❽ 私たちの見積もりと彼らの見積もりはどちらが低いですか？

❾ この作品はあの作品よりずっと小さい。

❿ あの専門家は私たちの専門家よりいいですか？

形容詞er形+thanの形で比較を表現できます。
This commercial building is taller than that hotel.

---

① This commercial building is taller than that hotel.

② These food trays are deeper than those food trays [those ones].

③ Is that competitor harder than this competitor [this one]?

④ That tool was cheaper than this Japanese tool [this Japanese one].

⑤ His report will be briefer than this report [this one].

⑥ This process looks easier than that process [that one].

⑦ This development plan sounded harder than that development plan [that one].

⑧ Which is lower, our estimate or their estimate?

⑨ This work is much smaller than that work [that one].

比較級の前についた
muchは「ずっと」の
意味です。

⑩ Is that expert better than our expert [ours]?

比較級に続いて、最上級のthe＋形容詞est形の練習をします。日本語では「一番〜だ」「最も〜だ」という意味になります。なお、使用する前置詞は、数の場合はof、場所や組織の場合はinが多いです。

❶ この材料が私たちの工場の中で一番軽いです。

❷ この食材が３つのうちで一番安い。

❸ あの料理コンロがこの店で一番新しいです。

❹ 私たちの割引率はこの産業で一番高いです。

❺ これらの電球がカタログの中で一番暗いです。

❻ あの会社はその都市で最大の雇用主ですか？

❼ 誰が10人の中で一番若い専門家ですか？

❽ 私たちはその仕事に最良の業者を探す予定です。

❾ その街はその地方で一番裕福です。

❿ これがその会社の最新のタブレット端末です。

数の前はof、場所や組織の前はinがくることが多いです。
Haruki is the tallest of the five. 5人のうちで（数）
Haruki is the tallest in the class. クラスの中で（場所）

① This material is the lightest in our factory.

② This ingredient is the cheapest of the three.

③ That cooking stove is the newest in this store.

④ Our discount rates are the highest in this industry.

⑤ These light bulbs are the darkest in the catalogue.

⑥ Is that company the largest employer in the city?

⑦ Who is the youngest expert of the ten?

⑧ We will find the best contractor for the job.

⑨ The city is the richest in the region.

⑩ This is the company's latest tablet computer.

今度は形容詞の前にmoreがつく比較級です。-erがつくのか、moreがつくのかは、原則、音節の数によって決まります。あらかじめどんな形容詞を使うのか、きちんと確認してから英作文をしましょう。

❶ 彼女の助言は彼の提案書より役に立つ。

❷ 彼らのウェブサイトは彼らのパンフレットより美しく見える。

❸ 自転車で通勤することは車でよりも経済的です。

❹ その新事業は古い事業よりずっと難しかった。

❺ この方式は日本でよりも中国での方が人気です。

❻ 経験は何より大切です。

❼ 彼女の講義は彼女の本より面白い。

❽ この物件は駅のそばの土地より高い。

❾ ブラジルは日本よりずっと多様性がある。

❿ ガス漏れは水漏れよりずっと危険だ。

1 Her advice is more useful than his proposal.

2 Their website looks more beautiful than their brochure.

3 To commute by bicycle is more economical than by car.

4 The new business was much more difficult than the old business [the old one].

5 This method is more popular in China than in Japan.

6 Experience is more important than anything.

7 Her lecture is more interesting than her book.

8 This property is more expensive than the land by the station.

9 Brazil is much more diverse than Japan.

10 A gas leak is much more dangerous than a water leak.

次は形容詞の前にmostがつく最上級です。形容詞
more形と同様に、-estがつくのか、mostがつくのか
は、原則、音節の数によって決まります。あらかじめ
どんな形容詞を使うのか、確認しておきましょう。

---

① 信頼がすべてのうちで最も大切です。

---

② この宅配業者の料金がこのエリアで最も高い。

---

③ あれは世界で最も有名な展示会の１つです。

---

④ どの会議室がこの事務所で最もきれいですか？

---

⑤ この日本製の掃除機がこれら３つの中で一番便利だ。

---

⑥ どのイルカがこの水族館で一番頭がいいですか？

---

⑦ 不満のあるお客さんたちに連絡することは一番難しい仕事
だ。

---

⑧ 彼女はこの町で一番人気のあるシーフードレストランを経
営している。

---

⑨ 彼女は最も効率的なレイアウトについて考えなければなら
ない。

---

⑩ この地区で一番人気のある仕事は何ですか？

---

① Trust is the most important of all.

② The fee of this **courier service** is the most expensive in this area.

③ That is one of the most famous **exhibits** in the world.

④ Which conference room is the most beautiful in this office?

⑤ This Japanese vacuum cleaner is the most useful of these three.

「知能が高い、知性のある」の意味で使います。

⑥ Which dolphin is the most **intelligent** in this **aquarium**?

⑦ Contacting **unsatisfied** customers is the most difficult job.

⑧ She **runs** the most popular seafood restaurant in this town.

⑨ She has to think about the most **efficient** layout.

⑩ What is the most popular job in this **district**?

TRACK ▶ 25

ここでは動詞を修飾する副詞の比較級で英作文します。効率良く練習するため、事前に-er形か、more形かを確認しておくのがおすすめです。即座に英作文できるようになるまで、何度も繰り返してみてください。

❶ 私は営業チームより早く事務所に着くでしょう。

❷ 彼女は私たちより注意深くこの機械を操作した。

❸ このコピー機は古いコピー機より簡単に壊れます。

❹ 私たちの工場は、町の他のどの工場より速くチーズを加工することができる。

❺ 私たちの新しいウェブ上の販売促進が、他のどんな戦略より効果的に機能するでしょう。

❻ 変化は大都市でよりも小さな村での方がゆっくり起こる。

❼ この地域では男性は女性より長く生きる。

❽ このパソコンはあのパソコンよりゆっくり立ち上がる。

❾ 彼の編集アプリは彼女のものより上手く作動した。

❿ そのシェフはキッチンの中の誰よりも流暢に中国語を話す。

1 I will get to the office earlier than the sales team.

2 She operated this machine more carefully than we did.

3 This copier breaks more easily than the old copier [the old one].

4 Our factory can process cheese faster than any other factory in town.

5 Our new web promotion will work more effectively than any other strategy.

6 Changes happen more slowly in small villages than in big cities.

7 Men live longer than women in this region.

8 This PC starts slower than that PC [that one] does.

9 His editing app worked better than hers.

10 The chef speaks Chinese more fluently than anyone in the kitchen.

比較級に続いて、動詞を修飾する副詞の最上級を練習します。比較級の場合と比べながら英作文してみましょう。なお、副詞の最上級はtheを使っても使わなくてもかまいません。

① 私は毎朝最も早く事務所に着きます。

② 彼女はこの工場で最も注意深くこの機械を操作する。

③ あなたのプリンターは５つの中で一番簡単に壊れます。

④ 私たちの工場は町で一番速く木材を加工することができる。

⑤ そのトラック運転手はその宅配業者で一番長く働く。

⑥ 彼はその人里離れた村で一番ゆっくりと話す。

⑦ その女性はその地域で一番長く生きた。

⑧ このパソコンはこの事務所の中で最も速く立ち上がる。

⑨ 彼の編集アプリは６つの中で最も良く作動した。

⑩ そのシェフはレストランの中で一番上手に包丁を使う。

副詞の最上級はtheを使っても使わなくてもかまいません。
○ I get to the office earliest.
○ I get to the office the earliest.

① I get to the office (the) earliest every morning.

② She operates this machine (the) most carefully in this factory.

③ Your printer breaks (the) most easily of the five.

④ Our factory can process wood (the) fastest in town.

⑤ The truck driver works (the) longest in the courier service.

⑥ He speaks (the) most slowly in the remote village.

⑦ The women lived (the) longest in the region.

⑧ This PC starts (the) fastest in this office.

⑨ His editing app worked (the) best of the six.

⑩ The chef uses kitchen knives (the) best in the restaurant.

㉗ 比較級、最上級 ― 疑問詞の文　　TRACK ▶27

形容詞と副詞の比較級、最上級を使った疑問詞の文を英作文します。質問はwhich、what、whoから始まります。whichとwhatの使い分けですが、具体的な選択肢がある場合はwhich、それ以外はwhatになります。

① あの分譲マンションとこの商業ビル、どちらがより古いですか？

② カーボンとプラスティック、どちらの材料がより柔らかいですか？

③ こちらのものとあちらのもの、どちらの生産ラインがより人気ですか？

④ 木製のものとコンクリートのもの、どちらの波止場がより便利ですか？

⑤ 電車とバス、どちらがより混雑していますか？

⑥ どんな航空会社があなたの国では最も人気ですか？

⑦ 誰がみんなの中で一番速くこの契約書を準備することができますか？

⑧ どちらのアプリがより上手く写真を編集しますか？

⑨ どちらのサンドイッチ屋がこの空港で一番おいしいですか？

⑩ 今朝は誰が一番早く目的地に到着しましたか？

具体的な選択肢がある場合はwhich、
それ以外はwhatを使います。
Which food do you want to eat? どちらが食べたい?
What food do you want to eat? 何が食べたい?

① Which is older, that condominium or this commercial building?

省略されると condoになります。

② Which material is more flexible, carbon or plastic?

③ Which production line is more popular, this one or that one?

④ Which dock is more convenient, the wooden one or the concrete one?

⑤ Which are more crowded, trains or buses?

「具体的な」という 意味もあります。

⑥ What airline is the most popular in your country?

⑦ Who can prepare this contract fastest of all?

⑧ Which app edits photos better?

⑨ Which sandwich shop is the most delicious in this airport?

⑩ Who reached the destination earliest this morning?

現在完了形の継続、完了、経験を学習します。最初は継続です。have / has＋過去分詞で「ずっと〜している」という意味になります。また、sinceは「〜から、〜以来」、forは「〜の間」の意味です。

① 私は去年からここで働いています。

② 20〜30年間、ずっと暖かいです。

③ あなたはどのくらいの間、この代理店を知っているのですか？

④ 彼は長い間、彼のお気に入りの画廊に訪れていない。

⑤ 彼女は3か月間、販売促進を担当している。

⑥ その漁師たちはどのくらいの間、この気象アプリを使っているのですか？

⑦ 私たちの部署は第一四半期からずっと忙しい。

⑧ ブラウンさんは1990年からこの事業に携わっている。

⑨ 私たちは8時間、この便に乗っています。

⑩ スマホの売り上げは3年間減退しています。

TIPS

sinceは「〜から、〜以来」、forは「〜の間」の意味になります。
I have worked here since last year.　去年から
The sales of smartphones have declined
for three years.　3年間

1. I have worked here since last year.

2. It has been warm for a few decades.

3. How long have you known this agency?

4. He hasn't visited his favorite gallery for a long time.

5. She has been in charge of sales promotion for three months.

6. How long have the fishermen used this weather app?

7. Our department has been busy since the first quarter.

8. Mr. Brown has been in this business since 1990.

9. We've been on this flight for 8 hours.

10. The sales of smartphones have declined for three years.

現在完了形の完了ではjust、yet、alreadyに注意しましょう。justは肯定文で「ちょうど」、yetは疑問文で「もう」、否定文で「まだ〜ない」、alreadyは肯定文と疑問文で「すでに」の意味になります。

1　私はちょうど私の洋服を詰めたところです。

2　その注文はちょうど届いたところです。

3　彼らはもう、そのクライアントに連絡しましたか？

4　あなたはその引き出しの鍵を失くしたのですか？

5　彼らはもう新しい商品を試しましたか？

6　彼らはまだ新しい建物に移転していません。

7　私はすでにその監督者からフィードバックを受けました。

8　私たちはすでにプレゼンの資料を準備しました。

9　誰がその賞を勝ち取ったの？

10　私たちはまだ移動手段を手配していません。

① I have just packed my clothes.

本書では
「クライアント＝client」
としています。

② The order has just arrived.

③ Have they contacted the <u>client</u> yet?

④ Have you lost the drawer key?

⑤ Have they tried the new item yet?

⑥ They haven't relocated to a new building yet.

⑦ I have already received feedback from the supervisor.

⑧ We have already prepared the presentation materials.

⑨ Who has won the award?

⑩ We haven't arranged transportation yet.

現在完了形では不規則変化する過去分詞にも気をつけましょう。現在完了形の経験は、「〜したことがある」という意味になります。数の表し方にも注意しながら英作文をしましょう。

❶ 私は一度その化粧品を使ったことがある。

❷ 私は以前このユーザーレビューを読んだことがある。

❸ あなたは今までにその美術館に行ったことがありますか？

❹ 市長はその住民たちに今まで会ったことがない。

❺ 彼は何度スケジュールを変更しましたか？

❻ 彼女はたくさんの聴衆の前で話をしたことがありますか？

❼ 私たちはその職人たちと話したことはありません。

❽ 私たちは3回この施設を視察したことがある。

❾ その通訳者はドイツに5回行ったことがある。

❿ 彼らは一度も簿記を学んだことがありません。

① I have used the **c**osmetic **p**roduct once.

② I have read this **u**ser **r**eview before.

③ Have you ever been to the **a**rt **m**useum?

④ The **c**ity **m**ayor has never met the **r**esidents.

⑤ How many times has he **r**escheduled?

⑥ Has she spoken in front of a large audience?

a lot ofやmanyは使えません。

⑦ We haven't talked with the **c**raftspeople.

⑧ We have **i**nspected this **f**acility three times.

⑨ The **t**ranslator has been to Germany five times.

⑩ They have never learned **b**ookkeeping.

すでに学習した、現在完了形と現在進行形を合わせた形が現在完了進行形です。have / has＋been＋～ingで、動作や出来事が「現在もずっと～している」という意味になります。

① 私は今日の午後からオンラインでおしゃべりをしている。

② 彼らは2時間チーズをパックしている。

③ あなたはどのくらいの間、その原稿を書いているのですか？

④ マーケティング部は何か月間もその問題を解決しようと努めている。

⑤ あの編集者はどのくらいの間、その作家のことを待っているのですか？

⑥ その代理店は2、3週間、新しい事務所を探している。

⑦ その男性は何年間もその灯台を管理している。

⑧ そのスポーツ選手たちは1時間以上トラックの上を走っている。

⑨ その清掃スタッフたちは今朝から床を掃いている。

⑩ その若いシェフは30分間、水と小麦粉を混ぜている。

① I have been chatting online since this afternoon.

② They have been packing cheese for two hours.

③ How long have you been writing the draft?

④ The marketing department has been trying to solve the problem for months.

⑤ How long has that editor been waiting for the writer?

⑥ The agency has been looking for a new office for a few weeks.

⑦ The man has been managing the lighthouse for years.

⑧ The athletes have been running on the track for more than an hour.

⑨ The cleaning staff have been sweeping the floor since this morning.

⑩ The young chef has been mixing water and flour for 30 minutes.

㉜ that節

that節は、I think that this drama is great.のthat
以下のことです。that節は名詞と同じ働きをします。
なお、動詞の目的語になるthat節のthatは、省略する
ことができます。

①　私はこのカフェは居心地が良いと思う。

②　彼女は彼女のお客さんたちが喜んでいると信じている。

③　みんなはその後任のCEOが早くここに来ることを望んでいます。

④　我々は彼らがエンジニアリング技術を持っていることを知っていた。

⑤　あなたは森さんが今日の午後、対応可能と思いますか？

⑥　その作業員は生産ラインが動いていると思っていた。

⑦　あなたはなぜ彼らのサービスが完璧だと信じているのですか？

⑧　彼らはファッションの流行は繰り返すと知っている。

⑨　彼は私たちが新しいプログラマーを雇うと考えていない。

⑩　彼女は私たちの本社が千葉に移転することを知っていましたか？

動詞の目的語になる that 節の that は省略できます。
- She believes that her customers are pleased.
- She believes her customers are pleased.

---

1 I think that this cafe is cozy.

---

2 She believes that her customers are pleased.

---

3 Everyone hopes that the incoming CEO will come here soon.

---

4 We knew that they had engineering skills.

> 時制の一致で have が過去形になります。

---

5 Do you think that Mr. Mori is available this afternoon?

---

6 The worker thought that the production line was moving.

---

7 Why do you believe that their services are perfect?

---

8 They know that fashion trends repeat.

> 「傾向」という意味もあります。

---

9 He doesn't think that we will hire a new programmer.

---

10 Did she know that our head office would move to Chiba?

㉝ 受け身

be動詞＋過去分詞で「〜される」を意味します。続く前置詞はbyが使われることが多いですが、それ以外の場合もあります。また、be made ofとbe made fromの使い方の違いもあわせて確認しておきましょう。

❶ その論点は経営陣によって話し合われるだろう。

❷ そのニュースサイトは彼らによって毎日更新されている。

❸ 彼の支払方法は拒否されました。

❹ 彼の提案書は受理されました。

❺ この提案書は誰によって拒否されたのですか？

❻ あの家は何でできていますか？ ― 土でできています。

❼ この有名人は多くの人々に知られている。

❽ これらのファイルはどこに保管されていますか？

❾ 彼女はその新興企業に採用されました。

❿ 年次株主総会が明日開催されます。

1. The issue will be discussed by the management.

2. The news website is updated by them every day.

3. His payment method was rejected.

4. His proposal was accepted.

5. Who [Whom] was this proposal rejected by?

6. What is that house made of? — It's made of clay.

7. This celebrity is known to many people.

8. Where are these files stored?

9. She was recruited by the start-up company.

原形はholdです。

10. The annual stockholder's meeting will be held tomorrow.

❶ 副詞節を導く接続詞 1

TRACK ▶1

中2レベルでは「〜の時」「〜の頃」という意味の副詞節を導く接続詞whenで英作文しました。ここからは2回にわたり、when以外の副詞節を導く接続詞で練習します。まずはif、as、because、before、afterです。

❶ もし明日雨が降れば、私たちはその野外イベントをキャンセルするだろう。

❷ もしその技術者が来られなければ、私がその問題を解決します。

❸ もし彼が物流について学びたいのなら、現場でもっと一生懸命働く必要がある。

❹ 彼女は病気だったので、その開店パーティーに出席できなかった。

❺ その救助隊は、大きな地震があったので、毎日働いた。

❻ 彼女はとても疲れていたので、その事務用品店に行かないことに決めた。

❼ 料理を出す前、ウェイターたちは注文を確認しなければならない。

❽ 彼らは、製品を発送する前、住所を2度確認しますか？

❾ あなたがそのサプリメントの見本を詰め終えた後、私の助手へ連絡をください。

❿ 私たちが部品を組み立てた後、雨が降り始めた。

1. If it rains tomorrow, we will cancel the outdoor event.

2. If the technician cannot come, I'll solve the problem.

3. If he wants to learn logistics, he needs to work harder on site.

「欠席する」は
be absent from
です。

4. As she was sick, she couldn't <u>attend</u> the grand opening party.

5. The rescue team worked every day because there was a big earthquake.

6. As she was very tired, she decided not to go to the office supply store.

7. Before waiters serve dishes, they have to check the orders.

8. Do they check the addresses twice before they ship the products?

9. Please contact my assistant after you finish packing the supplement samples.

10. It began to rain after we assembled the parts.

❷ 副詞節を導く接続詞 2

TRACK ▶2

次はwhile、until、althoughでトレーニングします。althoughは代わりにthoughを使うことができ、さらにはbutを使った文にすることもできます。慣れたらぜひ挑戦してみましょう。

① その荷物は、私が庭で仕事をしている間に配達された。

② その急行列車は、我々が寝ている間に我々の目的地に到着した。

③ あなたは、私が資料を見直している間に何をしていたのですか？

④ 彼女は、その地方支社に移動するまで、消費者調査に従事していた。

⑤ 私は、私の同僚が休暇から戻るまで、定期的に彼のEメールを確認しなければならない。

⑥ 次の上演が始まるまで、そのゲストのためにこの席を取っておいて。

⑦ コーティング作業が終わるまで、その敷地には入らないでください。

⑧ その鉄枠は重たかったが、そのクレーンは簡単にそれを持ち上げた。

⑨ そのナショナルチームは試合に勝ったが、その翌日、練習した。

⑩ その園芸用の土は安くはないが、持続可能なものだ。

① The package was delivered while I was working in the garden.

「各駅停車
(普通列車)」は
local trainです。

② The express train got to our destination while we were sleeping.

③ What were you doing while I was reviewing the materials?

④ Until she transferred to the local branch, she engaged in consumer surveys.

⑤ I have to check my colleague's emails regularly until he returns from vacation.

⑥ Keep this seat for the guest until the next performance begins.

⑦ Please don't enter the premises until the coating work is done.

⑧ Although the iron frame was heavy, the crane lifted it easily.

⑨ Although the national team won the game, they practiced the next day.

⑩ Although the gardening soil is not cheap, it is sustainable.

❸ 間接疑問文

TRACK ▶3

間接疑問文は、文中に疑問文が含まれる文型です。疑問文の倒置がなくなり、平叙文(S＋V)の語順になるのが特徴です。語順にしっかりと注意しながらトレーニングしてください。

---

1 私はその寄宿舎がどのくらい古いのか知りません。

---

2 あなたはあの小さな出版社がどのくらい有名か知っていますか？

---

3 彼女がどこでその仕事の面接を受けたのか教えてもらえますか？

---

4 あの封筒の中には何が入っているのだろう？

---

5 彼らはこの行事がどこで開催されたのか知りたがっている。

---

6 我々に、あなたが何を訂正したいのか教えてください。

---

7 彼はなぜ彼女が金融を学び始めたのかわからなかった。

---

8 彼らはどんな模様が好きなのかしら。

---

9 あなたはそのレンタカー会社がいくつ代理店を持っているか知っていますか？

---

10 彼らはあなたの問い合わせが何を意味するのか理解しようとした。

間接疑問文は、文中に疑問文が含まれます。
Where does he live? 疑問文
I don't know where he lives. 間接疑問文

① I don't know how old the <u>dormitory</u> is.

省略されると
dormになります。

② Do you know how famous that small <u>p</u>ublisher is?

publishing company
とも言います。

③ Will you please tell me where she had the job interview?

④ I wonder what's in that envelope?

⑤ They want to know where this event was held.

⑥ Please tell us what you want to revise.

⑦ He didn't know why she began to learn finance.

⑧ I wonder what pattern they like.

⑨ Do you know how many agencies the rental car company has?

⑩ They tried to understand what your inquiry meant.

疑問詞にto不定詞がつくと「〜すべきか」という名詞句を作ることができます。who、how、where、when、whichなど、いろいろなパターンがありますので、がんばって練習しましょう。

❶ 私は誰を昇進させるべきかわからなかった。

❷ 彼は自分の技能を拡げる方法を知りたがっている。

❸ 彼らはキャンドルをどこに置くべきか知っているのですか？

❹ 役員会はどこに３号店をオープンさせるべきか決めた。

❺ 彼は株をいつ買ったり売ったりすべきかわからなかった。

❻ 彼らはどの事業を買収するのか決めなければならない。

❼ 私はピザを調理する方法のコツをいくつか共有した。

❽ 彼はあなたたちに公共料金を削減する方法を伝えましたか？

❾ どちらの物件も素晴らしいので、我々はどちらを借りるか選べない。

❿ 彼らにどちらの雑誌を購読するべきか教えてもらえますか？

疑問詞 + to 不定詞で名詞の働きをする名詞句になります。
I don't know the reason. 名詞
I don't know what to say. 名詞句

1 I didn't know who [whom] to promote.

2 He wants to know how to expand his skills.

3 Do they know where to place the candles?

4 The board of directors decided where to open the third store.

board とも言います。

5 He didn't know when to buy and sell stocks.

share とも言います。

6 They have to decide which business to purchase.

7 I shared some tips on how to make pizza.

8 Did he tell you how to cut the utility costs?

9 As both properties are great, we can't choose which one to rent.

10 Will you please tell them which magazine to subscribe to?

❺ 形式主語 it

 to不定詞を主語にすると長くなる場合、形式主語のitを使うことで、文頭をすっきりさせることができます。to不定詞の動作の主体を示す場合は、to不定詞の前にfor＋動作主を置きます。

❶ 良い関係を築くことは重要です。

❷ あなたの免許証と登録証を確認することが必要です。

❸ 今、発売日を変えるのは不可能です。

❹ このタスクを完成させることが必要です。

❺ この商品を返品することは可能ですか？

❻ 私にとって彼の提案書を承認するのは簡単ではない。

❼ 私たちにとってすべての資源を保護するのは難しい。

❽ 彼らにとって会社の方針に従うことは大切です。

❾ 彼にとって科学的な知識を得ることは面白い。

❿ なぜあなたにとって農業を学ぶことが必要なのですか？

1. It's important to build a good relationship.

2. It's necessary to check your driver's license and registration.

3. It's impossible to change the release date now.

4. It's necessary to complete this task. 形容詞で「完全な」という意味でも使います。

5. Is it possible to return this item?

6. It's not easy for me to approve his proposal.

7. It's difficult for us to protect all resources.

8. It's important for them to follow the company policy.

9. It's interesting for him to acquire scientific knowledge.

10. Why is it necessary for you to learn agriculture? 漁業は fishingです。

❻ SVO＋to不定詞

 ここでは、SVO＋to不定詞の形を練習します。to不定詞の動作主は、主語（S）ではなく目的語（O）になります。間違えないように気をつけながら、英作文してください。

---

① 我々は彼にその事実を強調して欲しい。

---

② 工場はいつも作業員たちにIDバッジを身につけるよう言っている。

---

③ 私はあなたにその旅行日程を変更して欲しくない。

---

④ そのスーパーは買い物客たちにエコバッグを持ってくるよう頼んだ。

---

⑤ 私は彼女に彼女の履歴書を送るよう言います。

---

⑥ なぜ彼はあなたにその取引条件を交渉するよう頼んだのですか？

---

⑦ 我々はその技術者に機械のセッティングを調整してもらいたかった。

---

⑧ 彼女は私にその締め切りを延ばすよう頼んだ。

---

⑨ 彼らは私たちにパソコンの電源を切らないよう言った。

---

⑩ 私はみんなに部屋のレイアウトを変えないように言いました。

それぞれの違いを理解しましょう。

Otohime told Taro to open the box. 箱を開けてと言った。
Otohime told Taro not to open the box.
箱を開けないでと言った。
Otohime didn't tell taro to open the box.
箱を開けてとは言わなかった。

1. We want him to emphasize the fact.

2. The factory always tells workers to wear ID badges.

3. I don't want you to change the itinerary.

4. The supermarket asked shoppers to bring eco-bags.

5. I will tell her to send her résumé.

6. Why did he ask you to negotiate the terms and conditions?

7. We wanted the technician to adjust the machine settings.

8. She asked me to extend the deadline.

9. They told us not to <u>shut down</u> the PC.

turn off
とも言います。

10. I told everyone not to change the room layout.

SVOCは、目的語（O）と補語（C）がイコールになる文型です。例えばThe news made us happy.（そのニュースは私たちを幸せにした）の場合、目的語のus＝補語のhappyになります。

1 人々はこの**大陸**を地上の楽園と呼んだ。

2 その**ユニークなオンライン広告**は彼らを有名にした。

3 その**CFO**はあなたのことを何と呼ぶの？

4 我々は**洗面所**を清潔に保たねばならない。

5 その夫婦は彼らの息子をアンドリューと名づけた。

6 何がこの保険を人気にさせたのですか？

7 この映画を英語で何と呼ぶのですか？

8 晴れた日々は年配の人々を幸せにする。

9 彼女はその**天井**を青く塗った。

10 なぜ**役員会**は彼を私たちの**副社長**にしたのですか？

SVOCの文では、目的語(O)と補語(C)がイコールになります。
The ceiling is blue. SVC(壁=青い)
She painted the ceiling blue. SVOC(壁=青い)

① People called this continent an earthly paradise.

省略されると adになります。

② The unique online advertisement 🐻 made them famous.

③ What does the CFO 🐻 call you?

chief financial officer 「最高財務責任者」の 省略形です。

④ We have to keep the lavatory clean.

⑤ The couple named their son Andrew.

⑥ What made this insurance popular?

⑦ What do you call this film in English?

⑧ Sunny days make elderly people happy.

⑨ She painted the ceiling blue.

⑩ Why did the board make him our vice president?

⑧ 現在分詞による修飾

ここでは、現在分詞が形容詞のように名詞を修飾する形を学習します。現在分詞が単独の場合は名詞の前に、他の語句を伴う場合は名詞の後に置くことに注意して英作文をしましょう。

❶ あなたはあの**クレーン**を操作しているその作業員を知っていますか？

❷ 床に**ワックス**をかけているその作業員たちは誰ですか？

❸ あなたは**保険**を売っているあの男性が見えますか？

❹ **落ち葉**を掃いているあの女性を見てください。

❺ あのソファーを持ち上げているその男性たちは引っ越し屋です。

❻ **通りを横切っている**その女性はスーツケースを引いています。

❼ あなたはこの**法律事務所**で働いている人を誰か知っていますか？

❽ 私はジムを経営している友達はいません。

❾ あなたはあの大きな油絵をかけているその作業員たちが見えますか？

❿ 私たちの国産の製品にとって、**増えつつある需要**があります。

1. Do you know the worker operating that crane?

2. Who are the workers waxing the floor?

3. Can you see that man selling insurance?

4. Please look at that woman sweeping the leaves.

5. The men lifting that sofa are movers.

6. The woman crossing the street is pulling a suitcase.

7. Do you know anyone working at this law firm?

8. I don't have a friend running a gym.

9. Can you see the workers hanging that large oil painting?

increase⇔decrease
「減少する」

10. There is an <u>increasing</u> demand for our domestic products.

145

現在分詞と同様、過去分詞も形容詞のように名詞を修飾することができます。単独の場合は名詞の前に、他の語句を伴う場合は名詞の後に置くことに気をつけてトレーニングしてください。

❶ あなたはこのスーパーで冷凍食品を買うことができます。

❷ この更新された価格表を見てください。

❸ 消去されたファイルを復元することは可能ですか？

❹ この港に停められているそのフェリーはすぐ出発します。

❺ この店に陳列されている靴はイタリア製です。

❻ 私たちはフランスから輸入されたワインを飲んだ。

❼ 彼に提案された計画を熟考しましょう。

❽ 私たちはその整備士によって改良された部品を必要としている。

❾ あなたは今までにそのアメリカ人の女優によって監督された映画を観たことがありますか？

❿ あの白黒で印刷された写真は誰が撮ったのですか？

① You can buy frozen food at this supermarket.

② Please look at this updated price list.

③ Is it possible to recover deleted files?

④ The ferry stopped at this port will leave soon.

⑤ The shoes displayed at this shop are made in Italy.

⑥ We drank wine imported from France.

⑦ Let's consider the plan proposed by him.

⑧ We need the parts improved by the mechanic.

⑨ Have you ever seen a movie directed by the American actress?

⑩ Who took that photo printed in black and white?

日本語では白黒ですが、英語では逆です。

❿ 関係代名詞 ― 主格（人）

TRACK ▶10

関係代名詞は、関係代名詞に続く文（関係詞節）がその前の名詞（先行詞）を修飾します。なお口語では、whoをthatに言い換えることができます。どちらも自在に使いこなせるよう、がんばりましょう。

1 その夫婦には総理大臣になりたい息子がいる。

2 あなたはその人気のあるデバイスを開発したエンジニアを知っていますか？

3 あなたは眼鏡をかけているそのレジ係が見えますか？

4 私たちは来週東京を訪れるその有名人に会うことができますか？

5 その展示会に参加した写真家は50か国以上に行ったことがある。

6 この新興企業に興味がある、たくさんの起業家たちがいる。

7 あのカウンターのそばに立っているその男性は司書ですか？

8 この本を書いたその政治家は誰ですか？

9 一生懸命働いているその美容師は、彼女の2番めのサロンをオープンさせるだろう。

10 彼女はそのイラストレーターと共同作業をした小説家です。

関係代名詞に続く文がその前の名詞を修飾します。
the person who sells medicine 薬を売る人
the child who is reading 読書中の子供

1. The couple has a son who [that] wants to be the prime minister.

2. Do you know the engineer who [that] developed the popular device?

3. Can you see the cashier who [that] is wearing glasses?

4. Can we meet the celebrity who [that] will visit Tokyo next week?

5. The photographer who [that] joined the exhibit has been to more than 50 countries.

6. There are many entrepreneurs who [that] are interested in this start-up.

7. Is the man who [that] is standing by that counter a librarian?

8. Who is the politician who [that] wrote this book?

statesmanとも
言います。

9. The hairdresser who [that] is working hard will open her second salon.

10. She is the novelist who [that] collaborated with the illustrator.

⓫関係代名詞 ― 主格（人以外） `TRACK ▶11`

関係代名詞の主格では、先行詞が関係詞節の主語になります。また先行詞は、英文の中で主語、目的語、補語の役割をします。なお、whichはthatに言い換えることができます。

---

① あなたは午後1時に始まる記者会見に来るべきです。

---

② あれは先月発売された新しい曲ですか？

---

③ これはその台風のためにキャンセルになったパッケージツアーだ。

---

④ 明日にスケジュールされている交渉は成功するだろう。

---

⑤ その村に建てられた太陽光発電所は巨大だ。

---

⑥ 昨年、より大きな利益をあげた会社はどちらですか？

---

⑦ あなたは今までに、私たちの市場占有率を示したそのチャートを見たことがありますか？

---

⑧ マーケティング部によって計画されたその販売促進キャンペーンは完璧だった。

---

⑨ メープル通りにオープンした地ビール屋へ行きましょう！

---

⑩ このクリニックで使われているその医療機器はスイス製です。

先行詞を含む関係代名詞の文がどんな役割をしているか確認
しましょう。

The house which was designed by him looks great. 主語
That is the house which was designed by him. 補語
We like the house which was designed by him. 目的語

① You should come to the **press** **c**onference which [that] starts at 1 P.M.

② Is that a new song which [that] was **r**eleased last month?

③ This is the **p**ackage **t**our which [that] was canceled due to the typhoon.

④ The **n**egotiation which [that] is scheduled for tomorrow will be **s**uccessful.

⑤ The **s**olar **p**ower **s**tation which [that] was built in the village is **h**uge.

⑥ Which is the company which [that] **m**ade a larger **p**rofit last year?

⑦ Have you ever looked at the **c**hart which [that] shows our **m**arket **s**hare?

⑧ The sales promotion **c**ampaign which [that] was planned by the marketing department was perfect.

⑨ Let's go to the **c**raft **b**eer **s**hop which [that] opened on Maple Street.

⑩ The **m**edical **e**quipment which [that] is used at this clinic was made in Switzerland.

⑫関係代名詞 ― 所有格　　　　　TRACK ▶12

ここでは関係代名詞の所有格の使い方を練習します。
所有格の関係代名詞は人でも物でも、先行詞にかかわ
らずwhoseを使います。最初は少し難しいかもしれま
せんが、がんばってトレーニングしましょう。

① 私たちは、父親がその工場の安全基準を監視している少女
に会った。

② 手さげかばんが黒い、あの男性が見えますか？

③ パソコンが動かなくなったその女性は修理屋へ行った。

④ 叔父が新聞記事を書いていたその女性はジャーナリストに
なった。

⑤ 彼女は、製品の販売開始が成功したその会社に興味があ
る。

⑥ 私は、叔母が不動産代理店を経営している友達がいます。

⑦ 彼は、収益性が抜きん出ているその会社に投資するつもり
だ。

⑧ 近藤氏は、そのコメントがいつも我々を驚かす政治家だ。

⑨ 私たちは、生産性が高い、新しい作業員が必要だ。

⑩ イーサンは、その決定が経済に影響を及ぼすCEOだ。

whoseを使うと2文を1文にすることができます。
Can you see that man? His briefcase is black.
→ Can you see that man whose briefcase is black?

1. We met a girl whose father monitors the security standard of the factory.

2. Can you see that man whose briefcase is black?

3. The woman whose PC didn't work went to a repair shop.

4. The woman whose uncle wrote newspaper articles became a journalist.

5. She is interested in the company whose product launch was successful.

6. I have a friend whose aunt runs a real estate agency.

7. He will invest in the company whose profitability is outstanding.

8. Mr. Kondo is a politician whose comments always surprise us.

9. We need a new worker whose productivity is high.

10. Ethan is a CEO whose decision affects the economy.

主格や所有格とは異なり、目的格の関係代名詞の場合は省略することができます。まずは関係代名詞を使ってしっかりと練習し、慣れてきたら省略して英作文をしてみましょう。

---

❶ 彼女は、私たちが信頼するコンサルタントです。

---

❷ 私たちが会う予定の女性は化学の専門家だ。

---

❸ 彼らは、彼らが面接をしたい男性を見つけた。

---

❹ 私は学会で会ったその女性に招待された。

---

❺ そのチームが雇いたいその候補者は上手に日本語を話します。

---

❻ これはそのお客さんが返品した商品です。

---

❼ この国が輸出する農作物は新鮮だ。

---

❽ 私たちはその事故があなたにおかけしたご不便をおわびします。

---

❾ 私は、私がとった経費削減の手段についてお話ししたいです。

---

❿ 多くの人々が、その会社が引き継いだ事業に興味があります。

目的格の関係代名詞は省略することができます。

She is a consultant whom [that] we trust.

→ She is a consultant we trust.

1. She is a consultant (whom / that) we **t**rust.

2. The woman (whom / that) we are going to meet is an expert in **c**hemistry.

3. They found a man (whom / that) they want to interview.

4. I was invited by the woman (whom / that) I met at the **a**cademic **c**onference.

5. The **c**andidate (whom / that) the team wants to hire speaks Japanese well.

6. This is the item (which / that) the customer **r**eturned.

7. The **a**gricultural **p**roducts (which / that) this country **e**xports are fresh.

8. We **a**pologize **f**or the **i**nconvenience (which / that) the accident caused you.

9. I want to talk about the **c**ost-cutting **m**easures (which / that) I took.

10. A lot of people are interested in the business (which / that) the company **t**ook **o**ver.

whatは先行詞を含む関係代名詞で、what＋SVで「〜のもの」「〜のこと」という意味になります。関係代名詞whatを使うことで、簡潔に表現にすることができますので、ぜひ使いこなせるようになりましょう。

① 聴衆は進行係の話していることが聞こえなかった。

② これが、あなたが面接で聞かれたことなの？

③ 彼らのやり方についてあなたが知っていることを私たちに教えてもらえますか？

④ これが契約書に書かれていることです。

⑤ 彼女がワークショップで学んだことは役に立つ。

⑥ 彼らがしようとしていることは間違っている。

⑦ 私たちの弁護士は、役員会議で彼女が予想していなかったことを聞いた。

⑧ そのコミュニティーがしなければならないことは図書館を改築することです。

⑨ 役員会が我々の部署にして欲しいことは売り上げを増やすことです。

⑩ その知事が言うことを多くの人が支持している。

whatを使って言い換えてみましょう。
This is the thing which I believe.
→ This is what I believe.

1. The audience couldn't hear what the facilitator was talking about.

2. Is this what you were asked at the interview?

3. Will you please tell us what you know about their approach?

4. This is what the contract says.

5. What she learned at the workshop is helpful.

6. What they are trying to do is wrong.

7. Our lawyer heard what she didn't expect at the board meeting.

8. What the community has to do is to renovate the library.

9. What the board wants our department to do is to increase sales.

10. Many people support what the governor says.

too～to…は、日本語で「～すぎて…できない」と
訳されます。英作文する場合、慣れないうちは、つ
いnotを使いたくなるかもしれません。気をつけてト
レーニングしてください。

---

① その看護師は疲れすぎて夜勤で働くことができない。

---

② 彼女は若すぎて運転免許証を取ることができない。

---

③ 彼は忙しすぎて定期健康診断を受けられない。

---

④ このモニターは大きすぎてあなたの車に取りつけられな
い。

---

⑤ その問題は複雑すぎて解決できないでしょう。

---

⑥ その上司は話すのが速すぎて誰もついていくことができな
い。

---

⑦ その防火扉は重すぎて1人では閉められない。

---

⑧ そのトレーニングは大変すぎて参加者たちはついていけな
かった。

---

⑨ このクライアントは手強すぎて彼らには扱えないだろう。

---

⑩ その住宅展示場は混雑しすぎて私たちは入ることができな
い。

---

too〜to…は、後で登場するso〜that…と言い換えられます。
He was too tired to walk.
→ He was so tired that he couldn't walk.

① The nurse is too tired to work the night shift.

② She is too young to get a driver's license.

③ He is too busy to
have a regular checkup.

medical [physical]
checkupとも
言います。

④ This monitor is too large to install in your car.

⑤ This problem will be too complicated to solve.

⑥ The boss talks too fast for anyone to follow.

⑦ The fire door is too heavy for one person to close.

⑧ The training was too hard for
the attendees to follow.

treat、deal with
とも言います。

⑨ This client will be too tough
for them to handle.

⑩ The show house exhibition is too crowded for us
to enter.

⓰ ～enough to…

～enough to…は「…するには十分～」という意味になります。また、enoughは形容詞や副詞の後に置きます。即座に英作文できるようになるまで、何度も繰り返してみてください。

❶ 彼は十分に背が高いのでその天井に手が届く。

❷ 今日は外で食事をするのに十分暖かい。

❸ その送迎バスは、30人の乗客が乗るには十分に大きい。

❹ テレビは聴くのに十分音が大きいですか？

❺ 彼女はマネージャーになるには十分に経験を積んでいない。

❻ 花火を始めるのには十分に暗くない。

❼ 彼らは十分にお金持ちなので高級車が買える。

❽ このマニュアルはユーザーが理解するのに十分に単純だ。

❾ その隣人は親切にもうちの犬を世話してくれた。

❿ その冷蔵庫は我々が持ち上げるのには十分に軽くない。

① He is tall enough to reach the ceiling.

② It is warm enough to eat outside today.

③ The shuttle bus is big enough for 30 passengers to ride.

④ Is the TV loud enough to listen to?

⑤ She is not **experienced** enough to be a manager.

類義語skilled 「熟達した」も よく使います。

⑥ It's not dark enough to start the fireworks.

⑦ They are rich enough to buy a luxury car.

⑧ This manual is simple enough for users to understand.

take care ofとも 言います。

⑨ The neighbor was kind enough to <u>look after</u> our dog.

⑩ The refrigerator is not light enough for us to lift.

⑰ so〜that…

so〜that…は「とても〜なので…だ」という意味になります。that以下が肯定文なら〜enough to…、否定文ならtoo〜to…と言い換えられる場合が多いので、so〜that…の使い方に慣れたら挑戦してみましょう。

① そのスニーカーのデザインはとてもユニークなので、みんなが注意を向けている。

② その村はとても遠いところにあるので、私たちは車でアクセスすることができない。

③ 交通渋滞がとてもひどかったので、彼らはまったく動けなかった。

④ その作業はとてもきついので、彼女は現在の職をやめるでしょう。

⑤ 霧がとてもひどかったので、彼は運転できなかった。

⑥ 生産コストがとても高かったので、我々はそのプロジェクトを諦めることに決めた。

⑦ 彼らの予算はとても限られているので、彼らは新しいプロジェクターを買えない。

⑧ その新薬はとてもよく作用するので、患者たちはすぐに良くなる。

⑨ 彼女の株がとても高く売れたので、彼女の夫は働く必要がない。

⑩ このパソコンは簡単に固まるので、誰も使いたがらない。

that以下が肯定文の場合、〜enough to…と言い換えられます。

He is so rich that he can own a private jet.
→ He is rich enough to own a private jet.

① The design of the sneakers is so unique that everyone **pays attention to** it.

② The village is so **remote** that we cannot access it by car.

③ The traffic jam was so heavy that they couldn't move at all.

leaveとも言います。

④ The work is so **heavy** that she will <u>quit</u> her **current** job.

⑤ The fog was so **terrible** that he could not drive.

⑥ The **production cost** was so high that we decided to give up the project.

⑦ Their budget is so **limited** that they cannot buy a new **projector**.

⑧ The new medicine **works** so well that patients **get well** quickly.

⑨ Her **stocks** sold so high that her husband doesn't have to work.

⑩ This PC **freezes** so easily that no one wants to use it.

知覚動詞＋目的語（O）＋原形不定詞（動詞の原形）で、「…が〜するのを見る（聞く、感じる）」という文が作れます。see、hear、listen to、notice、feel、watchなどがこの形で使える動詞です。

---

1 私たちは誰かが電源を切るのを見ました。

---

2 彼らは、自動的にドアに鍵がかかるのを聞いた。

---

3 聴衆は知事が話すのを注意深く聴いた。

---

4 彼は店員が新しいデバイスを実演販売するのを見た。

---

5 私はその有名人が会場に入るのに気がついた。

---

6 彼女はそのCFOが年間の決算を発表するのを聞いた。

---

7 彼はその研究員が庭でひざをつくのを見た。

---

8 あなたはプラットホームが揺れるのを感じましたか？

---

9 観光客たちはそのマジシャンが通りで演じるのを見た。

---

10 彼女は私が掃除機を使っているのが聞こえなかった。

目的語の後は原形不定詞（動詞の原形）を使います。

× I saw her to go into the room.

○ I saw her go into the room.

1 We saw someone turn off the power. 🐻 「（電源を）入れる」は turn onです。

2 They heard the door lock automatically.

3 The audience listened carefully to the governor speak.

4 He saw a sales clerk demonstrate the new device.

5 I noticed the celebrity enter the venue.

6 She listened to the CFO announce the annual financial results.

7 He saw the researcher kneel in the garden.

8 Did you feel the platform shake?

9 Tourists watched the magician perform on the street.

10 She didn't hear me use the vacuum cleaner.

使役動詞＋目的語（O）＋原形不定詞（動詞の原形）で、makeなら「無理やり…に〜させる」、haveなら「…に〜させる / してもらう」、letなら「…に〜させてあげる」の意味になります。

❶ 私たちの上司は私たちにそのIR情報を読ませた。

❷ もうこれ以上、彼に残業させないでください。

❸ 彼女の昇進をお祝いさせてください。

❹ その営業部長は私たちにクライアントを選ばせてくれた。

❺ 彼女は彼女の助手に航空券を手配してもらった。

❻ 彼らは、彼らの庭師に庭の木々を剪定してもらった。

❼ 私はできるだけ早く彼女にこのEメールに対して返信させます。

❽ 我々は今、すべての乗客たちを電車から外に出さないといけない。

❾ 低金利は多くの人々を不満に感じさせる。

❿ 新しい税率は私たちに不安を感じさせる。

「後ほど田中に資料を確認させます」の場合、
makeよりもhaveを使うほうが自然です。
△ I'll make Tanaka review the materials.
○ I'll have Tanaka review the materials.

1 Our boss made us read the IR information.

investor relations
「投資家向け広報活動」
の省略形です。

2 Please don't make him work overtime anymore.

3 Let me congratulate her on her promotion.

4 The sales manager let us choose the clients.

5 She had her assistant arrange a flight ticket.

6 They had their gardener trim the trees in the garden.

「毛を刈る」という
意味もあります。

7 I'll have her reply to this email as soon as possible.

8 We have to have all the passengers exit from the train now.

9 Low interest rates make a lot of people feel unsatisfied.

10 The new tax rate makes us feel worried.

⑳関係副詞 where

関係副詞は関係代名詞と同様、前にくる名詞（先行詞）を修飾します。ただし、関係代名詞は名詞で前置詞を含まない、関係副詞は副詞で前置詞を含むという点に違いがあります。

❶ ここはそのアーティストが絵の描き方を学んだ学校です。

❷ 彼は日の光がたくさんあたる部屋を借りたかった。

❸ ここは、私たちがこれらの化学薬品を検査する研究所です。

❹ ここは、私たちが私たちの展示ブースを設営する場所ですか？

❺ 雨が降らない国では野菜を育てることが難しいです。

❻ 彼らが働いていた事務所はその動物園の隣に位置していた。

❼ 彼女は交通渋滞がいつもひどいその道路を避けます。

❽ あれが、あなた方が中古の事務用品を保管する部屋ですか？

❾ 私たちは高品質のコーヒーが収穫されるその小さな村を訪れた。

❿ あれが、私たちがその最新鋭の機器を開発した工場です。

関係代名詞は前置詞が必要、関係副詞は前置詞が不要です。
This is the house which I live in. 関係代名詞
This is the house where I live. 関係副詞

1. This is the school where the **artist** learned how to paint.

2. He wanted to rent a room where there was a lot of sunlight.

3. This is the laboratory where we **test** these **chemicals**.

4. Is this the place where we will set up our **display** booth?

5. It's difficult to **grow** vegetables in a country where it doesn't rain.

6. The office where they worked was **located** next to the zoo.

7. She **avoids** the road where **traffic jams** are always **heavy**.

8. Is that the room where you store used **office supplies**?

9. We visited the small village where **high-quality** coffee is **harvested**.

cutting edge とも言います。

10. That is the factory where we developed the <u>state-of-the-art</u> equipment.

㉑ 関係副詞 when

whereと同様、whenも関係副詞になります。関係代名詞で言い換えることができますが、その場合は前置詞が必要です。使い方に慣れたら、言い換えにも挑戦してみましょう。

① 6月は多くの種類の傘が欠品になる月です。

② 月曜日はその雑誌が発売される日です。

③ その会社が設立された年は2005年でした。

④ 銀座で私たちの上司に偶然会った日を覚えてる？

⑤ この地方でお米が収穫される季節は何ですか？

⑥ 私は初めて売上目標を達成した日を忘れることができない。

⑦ 3月は日本で事業年度が終わる月です。

⑧ この本が出版された月を私たちに教えてくれますか？

⑨ この事業が引き継がれた年は2015年です。

⑩ 彼らがこの芝に水をあげた時間を知っていますか？

関係代名詞で言い換える場合、前置詞が必要です。
Tell me the year when you were born. 関係副詞
→ Tell me the year which you were born in. 関係代
名詞

1. June is the month when many kinds of umbrellas are out of stock.

2. Monday is the day when the magazine is released.

3. The year when the company was founded was 2005.

foundの
過去分詞です。

4. Do you remember the day when we ran into our boss in Ginza?

5. What is the season when rice is harvested in this region?

6. I can't forget the day when I accomplished the sales goal for the first time.

7. March is the month when the business year ends in Japan.

8. Will you please tell us the month when this book was published?

9. The year when this business was taken over was 2015.

10. Do you know the time when they watered this lawn?

仮定法では、現実とは違う状況を表現することができます。仮定法過去は現在のこと、仮定法過去完了は過去のことを表します。最初は難しいかもしれませんが、練習を繰り返して、自在に使えるようになりましょう。

① もし私があなただったら、それをもっと具体的に説明するよ。

② もし私が英語を話すことができたら、商社で働くのになあ。

③ もし私の上司がここにいたら、この会社と取引することを今決められるのになあ。

④ もし私たちの会社が十分なお金を持っていれば、この会社を買収するのになあ。

⑤ もし彼が異動したら、我々はこの商品を取り扱えないだろうなあ。

⑥ もし私が5分早く出発していたら、その電車に乗れたのになあ。

⑦ もし私がその事実を知っていたら、その提案書を拒否していたのになあ。

⑧ もし彼が私たちの会社にいなかったら、会社は倒産していただろうなあ。

⑨ もし私がその試験に合格していたら、昇進することができたのになあ。

⑩ もし私が会計の専門家だったら、その時、詳細に財務諸表を分析できたのになあ。

① If I <u>were</u> you, I would explain it more concretely. be動詞は原則、wereを使います。

② If I could speak English, I would work for a **trading** company.

③ If my boss were here, I could decide to **deal with** this company now.

④ If our company had enough money, it would **purchase** this company.

⑤ If he **transferred**, we couldn't **handle** this product.

⑥ If I had left five minutes earlier, I could have caught the train.

⑦ If I had known the **fact**, I would have rejected the proposal.

⑧ If he had not been in our company, it would have **gone bankrupt**.

⑨ If I had passed the exam, I could have **gotten promoted**.

⑩ If I had been an expert in accounting, I could have analyzed the **financial statements** in detail then.

【著者】
森沢洋介

【イラスト】
森沢弥生

【装丁】
竹内哲夫

【編集】
野崎博和　藤田晋二郎　山下直人

【協力】
菅野 玲

【校正】
Anthony Bedard

【音声ナレーション】
Howard Colefield　水月優希

もりさわようすけ　はな　しゅんかんえいさくぶん　ぶんぽうべつ　しんそうばん
森沢洋介の話せる瞬間英作文 ［ビジネス：文法別］ 新装版

2022年11月1日　初　版　第1刷発行
2023年9月1日　新装版　第1刷発行

著	者	森	沢	洋		介
発 行 者		多	田	敏		男
発 行 所		TAC株式会社　出版事業部				
				(TAC出版)		

〒101-8383 東京都千代田区神田三崎町3-2-18
電話　03 (5276) 9492 (営業)
FAX　03 (5276) 9674
https://shuppan.tac-school.co.jp/

印	刷	株式会社 ワ		コ		ー
製	本	株式会社 常	川	製		本

Ⓒ　2023 Yosuke Morisawa　　　Printed in Japan
ISBN 978-4-300-10912-0
N.D.C. 837

書籍の正誤に関するご確認とお問合せについて

書籍の記載内容に誤りではないかと思われる箇所がございましたら、以下の手順にてご確認とお問合せをしてくださいますよう、お願い申し上げます。

なお、正誤のお問合せ以外の**書籍内容に関する解説および受験指導などは、一切行っておりません。**
そのようなお問合せにつきましては、お答えいたしかねますので、あらかじめご了承ください。

1 「Cyber Book Store」にて正誤表を確認する

TAC出版書籍販売サイト「Cyber Book Store」の
トップページ内「正誤表」コーナーにて、正誤表をご確認ください。

CYBER TAC出版書籍販売サイト
BOOK STORE

URL:https://bookstore.tac-school.co.jp/

2 1 の正誤表がない、あるいは正誤表に該当箇所の記載がない
⇒ 下記①、②のどちらかの方法で文書にて問合せをする

★ご注意ください★

お電話でのお問合せは、お受けいたしません。
①、②のどちらの方法でも、お問合せの際には、「お名前」とともに、
「対象の書籍名(○級・第○回対策も含む)およびその版数(第○版・○○年度版など)」
「お問合せ該当箇所の頁数と行数」
「誤りと思われる記載」
「正しいとお考えになる記載とその根拠」
を明記してください。
なお、回答までに1週間前後を要する場合もございます。あらかじめご了承ください。

① ウェブページ「Cyber Book Store」内の「お問合せフォーム」より問合せをする

【お問合せフォームアドレス】

https://bookstore.tac-school.co.jp/inquiry/

② メールにより問合せをする

【メール宛先　TAC出版】

syuppan-h@tac-school.co.jp

※土日祝日はお問合せ対応をおこなっておりません。
※正誤のお問合せ対応は、該当書籍の改訂版刊行月末日までといたします。

乱丁・落丁による交換は、該当書籍の改訂版刊行月末日までといたします。なお、書籍の在庫状況等により、お受けできない場合もございます。
また、各種本試験の実施の延期、中止を理由とした本書の返品はお受けいたしません。返金もいたしかねますので、あらかじめご了承くださいますようお願い申し上げます。

(2022年7月現在)